Gerd Pechstein

Ein Pechstein auf dem Pechstein saß und dachte über Pechstein nach

Gedankenspiele - Entdeckungen – familiäre Spurensuche

BoD™
BOOKS on DEMAND

Ich widme das Buch unserem Enkel Philipp und
meiner lieben Frau Ilona,
ohne deren Verständnis und Unterstützung
dieses Buch nicht entstanden wäre.

**Das Erste was der Mensch
im Leben vorfindet
das Letzte wonach er
die Hand ausstreckt,
das Kostbarste,
was er im Leben besitzt,
ist die Familie.**

Adolph Kolping

Gerd Pechstein

Ein Pechstein
auf dem Pechstein saß

und dachte über „Pechstein" nach

Gedankenspiele - Entdeckungen
- familiäre Spurensuche

Bibliografische Information der Deu ~~FSC~~ *nalbibliothek:*
Die Deutsche Nationalbibliothek ver. *se Publikation in der Deutschen*
Nationalbibliografie; detaillierte bi *e Daten sind im Internet über*
http://dnb.dnb.de abrufbar.

Satz: Gerd Pechstein
Umschlag/Cover: Siegfried Dierken, www.digibuchservice.de

Foto Buchtitel: Auf den Pechstein-Klippen, Garsebacher Schweiz/Sa.
Foto Innentitel: An der Weinlage Pechstein, Forst an der Weinstraße

Herstellung und Verlag: BoD – Books on Demand, Norderstedt

ISBN: 978-3-7460-1296-4

Inhalt

Nun ist es soweit. Es liegt eine erste Zwischenbilanz jahrzehntelanger Familienforschung vor. Es ist keine Familienchronik, aber eine doch recht breit gefächerte Bearbeitung von Themen, die sich mit dem Namen und der Bezeichnung Pechstein bzw. Bechstein befassen.

Beide Namen sind eng verwandt, sollten eine gleiche Entstehungsgeschichte haben und Unterschiede im Anfangsbuchstaben B und P sind meist subjektiv bedingt, z. B. durch regionale Schreibweise, willkürliche amtliche Eintragungen und die Aussprache.

Lange Jahre recherchierte ich auch onomastische Gesichtspunkte zur Entstehung und dem Vorkommen unseres Familiennamens. Ich glaube mit teils erstaunlichen Ergebnissen.

Die Suche und Recherche führte uns in viele Gegenden Deutschlands. Es waren Entdeckungsreisen in landschaftlich interessante Regionen unserer deutschen Heimat. Der Leser wird manchen Tipp zu einem Ausflug auf der Suche nach Pechstein finden, wird angeregt neues kennenzulernen.

Man wird aber auch kleine Anekdoten im Zusammenhang mit dem Namen lesen können, auch über die berühmten Personen mit unserem Familiennamen. Man wird staunen, welch interessante Geschichten und Erkenntnisse sich mit unserem Familiennamen verbinden.

Kleine Übersichten im Buch zu Familienzweigen mit dem Namen Pechstein bzw. Bechstein sollen eine Anregung für den einen oder anderen Leser sein, der sich bisher nicht intensiv mit seiner Familiengeschichte befasste, selbst die Wurzeln seiner Familie zu suchen. Bei etwas Glück findet er erste Hinweise im Buch oder er kann Kontakt mit dem Autor aufnehmen. Ich werde gern antworten und helfen, wenn ich kann.

Voraussetzung dafür ist, dass der Nachname Pechstein oder Bechstein in der Familie eine Rolle spielt oder spielte.

Es soll aber auch eine Diskussionsgrundlage für diejenigen sein, die sich mit Hinweisen, Anekdoten und anderem, was mit unserem Familiennamen und mit den Familien Pechstein und Bechstein zu tun hat, einbringen wollen. Das Buch hat keinen wissenschaftlichen Anspruch, aber es möchte einen Beitrag zur Namensforschung leisten. Schön wäre es, wenn das Buch die eine oder andere neue Erkenntnis oder Meinung in die Forschungsdiskussion einzubringen kann.

Ein solches Buch lebt von den Ergebnissen der Recherchen in den Archiven und Internet, dem Gedankenaustausch mit anderen Forschern und den Informationen der Familienangehörigen.

Danke deshalb diesen aktiven Verwandten und all den hilfsbereiten Forscherkollegen, die durch Datenabgleich und -austausch zur Lösung mancher Frage beigetragen und geholfen haben, Fehler zu vermeiden.

Danke den Hobby-Genealogen, die das Ergebnis jahrelanger Forschung in anderen Regionen mir zur Verfügung stellten, damit diese Familienzweige als kurze Übersicht Bestandteil des Buches werden konnten.

Ohne die umfassende Datenbereitstellung ihrer Rechercheergebnisse und dem Gedankenaustausch mit Eva–Maria Jülich aus Chemnitz hätte die Übersicht über Familienzweige der Region Geithain nicht so detailliert dargestellt werden können. Ihr, Peter Kirchbach und Peter Pechstein gilt mein herzlicher Dank.

Frau Jülich gilt mein besonderer Dank für die Unterstützung durch das Korrekturlesen.

Des weiteren möchte ich Gerd, Peter und Werner Pechstein, Roswitha und Prof. Stephan Pfefferkorn, Dieter Werner, Achim Hanickel, Diana Hiller, Clara Hartmann und Anett Schücker, sowie den Herren Niemann und Reichenbach von den Kirchenarchiven der Kirchgemeinde Geithain und den Mitgliedern des Heimatgeschichtsvereines Geithain, wie die Herren Dr. Reuter, Richter und Dr. Senf, herzlich für ihre Unterstützung danken.

Dank gilt aber auch den freundlichen und hilfsbereiten Mitarbeitern in den kirchlichen und staatlichen Archiven, die mir oft beratend zur Seite standen. Auch denjenigen die mir in den Foren geholfen haben, Literatur und anderes zu finden, was sich mit dem Namen „Pechstein" befasste. Andererseits lösen wir unser Versprechen ein und geben eine erste Übersicht zu Familienzweigen der Region um Geithain; haben doch einige Zweige hier ihre gemeinsamen genetischen Wurzeln.

Ergänzt wird die geschichtliche Betrachtung mit zahlreichen Fotos, dankenswert bereitgestellt von den Familienangehörigen.

Damit setzen wir den Vorfahren ein kleines Denkmal; geben unseren Enkeln und Urenkeln die Möglichkeit, sich ein Bild über das Leben ihrer Vorfahren zu machen und sie kennenzulernen.

Möge diese kleine Abhandlung den Lesern gefallen, dazu anregen mit den Kindern, Enkeln und Urenkeln in Erinnerungen zu kramen, Fotos aus alter Zeit zu betrachten.

Aber auch mit diesen an Orte zu gehen, die das Leben der Vorfahren und unser heutiges Leben beeinflussten, vielleicht auch Wendepunkte darstellen.

Besuchen Sie auch die Orte der Freude und des Glücks unserer Vorfahren, aber auch die von Schicksalsschlägen, die mancher Lebensabschnitt bereithielt und hält. Jedes Fotoalbum der Familie gibt dazu Anregungen und ist dokumentierte Geschichte.

Die Summe vieler dieser „Familiengeschichten" ergeben in einem Puzzle Heimatgeschichte, sind aber auch wieder Teile der Geschichte unseres Landes. Was wäre ein Land ohne jeden Einzelnen seiner Bürger, ohne deren Mitwirkung an der gesellschaftlichen Entwicklung, im Idealfall in einer Demokratie?

Jedes Leben ist Teil der großen Geschichte, ist ein Mosaikteilchen der historischen Entwicklung eines Landes. Diese Erkenntnis drängt die Hobby-Genealogen zu immer neuen Recherchen.

Warum nicht einmal in die Regionen reisen und Museen besuchen, die durch die Bezeichnung „Pechstein" daran erinnern, wie wir zu unserem Nachnamen gekommen sind bzw. zu sehen, dass unser Nachname auch zur Bezeichnung anderer Dinge dient. Liebe Leser, ich wünsche Ihnen interessante neue Erkenntnisse bei unserer kleinen Exkursion zur

Erkundung der Herkunft des Nachnamens Pechstein oder Bechstein und zu den Wurzeln einiger dieser Familien. Aber auch z. B. zu Landschaften, Museen, die mit diesem, unserem Namen in Verbindung stehen.

1. Prolog

Man wird geboren, erhält einen Vor- und Nachnamen und muss sich meist damit Zeit seines Lebens arrangieren.

Mancher hat es nicht leicht, ist ein Name doch schon oft beginnend in der Kita ein Anlass zum Schmunzeln oder Hänseln durch die anderen Kinder.

Wird man älter, kann es ausufern und mancher überlegt den Namen zu wechseln, was nicht so einfach ist.

Doch jeder Name hat seine Geschichte, viele Generationen mussten damit leben, mancher war stolz darauf. Es gibt aber auch Menschen, die feinfühlig sind, die, weil der Name nicht gefällt, unter ihrem Namen leiden.

Irgendwann nimmt es fast jeder Mensch hin, reagiert auf spitze Bemerkungen seiner Mitmenschen nicht mehr, lässt alles von sich abprallen.

Er wird quasi immun und entwickelt ein Abwehrkonzept bzw. sucht in seinem Namen etwas „Gutes". Er will wissen, woher der Name stammt oder wie es dazu gekommen ist. Oft stellt sich heraus, dass zur Zeit der Namensbildung das Wort eine vollkommen andere Bedeutung hatte als heute oder der Ursprung findet sich in anderen Sprachräumen.

Besser haben es diejenigen, die wohlklingende oder Namen besitzen, die man mit positiven Empfindungen verknüpft.

Ich rechne mich der letzteren Gruppe zu, denn „Pechstein" ist ein sehr interessanter und zugleich von bekannten Personen besetzter Name.

Aus dem Wunsch vieler Menschen, etwas mehr zur Herkunft des Familiennamens zu wissen, entwickelte sich ein ganz neuer Wissenschaftszweig, die Namensforschung oder Onomastik. Die Brüder Jacob und Wilhelm Grimm beschäftigten sich zum Beispiel damit, aber auch

Goethe. Wie kann es anders sein, er beschäftigte sich mit allem, was ihn und in seiner Zeit die Menschen interessierte.

Heute gibt es z. B. an der Universität Leipzig ein „Namenkundliches Zentrum" mit dem bekannten Professor Udolph, das mit der „Deutschen Gesellschaft für Namenforschung e. V." zusammenarbeitet.

An der Universität Mainz erarbeitet ein Institut für Namensforschung einen „Deutschen Familiennamenatlas". Daran erkennt man einerseits die Bedeutung des Familiennamens für die Wissenschaft, andererseits zeigt es, dass es noch viele Fragen hinsichtlich der Namensentstehung zu lösen gibt.

Im Rahmen der Familienforschung kam auch bald für mich der Zeitpunkt, sich mit diesem Thema auseinanderzusetzen. Der Ausgangspunkt, es konnte nicht anders sein, einerseits Hänseleien in der Schule und andererseits die oftmalige Frage, „bist Du mit der oder dem verwandt?".

So begab ich mich auf Spurensuche nach der Herkunft und Bedeutung unseres Familiennamens.

Aber auch auf die Suche zu dem, was man so alles in den verschiedenen Regionen und Ländern mit „Pechstein" bezeichnet sowie welche Personen mit diesem Namen einen gewissen Bekanntheitsgrad erreichten. Zu berücksichtigen ist dabei die Namensvariante Bechstein, die insbesondere im süddeutschen Raum vertreten ist.

Erstaunlich daraus die Erkenntnis, dass viel Überraschendes zutage trat, und der Name eine Bezeichnung für viele unterschiedliche Dinge bzw. Begriffe ist.

Mit dem Buch erhalten Sie, liebe Leser, einen Überblick über diese Vielfalt der Bezeichnungen und Begriffe einschließlich Informationen zu bekannten Personen mit diesem Namen.

Vielleicht in einem späterem Buch, das meinerseits geplant ist, werde ich einige Ergebnisse meiner und anderer Ahnenforscher zum Vorkommen von Familienzweigen mit dem Namen Pechstein/Bechstein vorstellen. Es wird, wie es in der Ahnenforschung nicht anders sein kann, eine erste allgemeine Zwischenbilanz der Forschungsergebnisse von mir und anderen Genealogen sein. Im Kapitel 10 finden Sie Beispiele einiger Ahnenlinien verschiedener Familien Pechstein und Bechstein.

Es sind jedoch nur kurze, aber aussagekräftige Übersichten. Eine detaillierte Aufstellung zu unseren Ahnenstämmen, -zweigen und Linien in Sachsen wird einem weiteren Buch vorbehalten sein.

Für alle, die sich mit Familienforschung befassen, werden aber auch diese Übersichten interessant sein. Kann man doch manche Anknüpfungspunkte finden, vielleicht sogar den Familienzweig der eigenen Familie ergänzen.

2. Spurensuche

Es war ein ganz normaler Tag, der 29.10.1982 in Halle-Neustadt. Wie immer, ausgespuckt von der S-Bahn mit tausenden Pendlern aus Buna, noch den Problemen der Arbeit und anderen Gedanken nachhängend, führten die Füße mich automatisch nach Hause.

Sie kannten den Weg zur wartenden kleinen Familie in einem der vielen Wohnblöcke. Es gab keine Straßennamen, nur WK (gleich Wohnkomplex) und Blocknummern, für Auswärtige gewöhnungsbedürftig.

Ich trottete wie immer, anfangs im Gespräch mit einem Kollegen, später nur den gewohnten Weg folgend, zu unserer Wohnung im III. WK.

Schnell überwand ich die Stufen zum vierten Stock. Wie immer liebevoll begrüßt von meiner Frau Ilona, die mir heute jedoch merklich aufgeregter als sonst erschien.

Ilona hielt einen Brief aus Bremen mit einer bundesdeutschen Briefmarke in der Hand. Äußerst ungewöhnlich für uns, da von staatlicher Seite westliche Briefkontakte nicht erwünscht waren. Nur Briefe von meinem Briefmarkentauschpartner aus Hamburg fanden ab und zu den Weg in unseren Briefkasten. Zuerst dachte sie an einen Irrläufer, prüfte die Adresse – alles hatte seine Ordnung. Der Absender mit dem interessanten Namen Peter L. Pechstein verhieß West-Verwandtschaft, die zur damaligen Zeit politisch nicht gewollt war und unangenehme Folgen haben konnte.

Die Neugier war jedoch größer als die Angst und der Brief wurde geöffnet. Das Ergebnis: Verwandtschaft war es nicht. Der Absender war ein junger begeisterter Ahnenforscher, der die „Pechstein-Sippe" erforschen wollte. Peter erklärte sein Ziel einfach und klar so: „Ich möchte jeden Menschen erfassen, der je Pechstein hieß und Verbindungen zu anderen Familienzweigen knüpfen".

Ein großes Ziel so einfach in den Raum gestellt, als ob es in wenigen Monaten, vielleicht auch Jahren, zu erreichen ist – das kann nur ein junger Mensch, der von einer Idee oder Aufgabe „besessen" ist.

Dies imponierte mir und trotz des staatlichen Verbotes antwortete ich, beantwortete seine Fragen. Zuvor konsultierte ich meinen Vati, der sich zwangsweise mit unseren Ahnen befassen „durfte".

Als Berufssoldat musste er in Kirchenämtern Urkunden beschaffen, die seine Abstammung im Sinne der Ideologie des 3. Reiches bestätigten. Man beurkundete: Unsere Vorfahren stammten aus Geithain in Sachsen.

Verbindungen zu Peters Ahnen sah er nicht. Ich nehme an, Peter war sehr enttäuscht, als ich ihm dies schrieb.

Erneut geriet er mit uns Pechsteins an eine Familie, die er nicht zuzuordnen wusste. Er musste in seiner Ordnung wieder einen neuen Zweig beginnen, das heißt, unsere Familie wurde Pechstein, der XVI. Zweig.

Vorsichtig versuchte ich ihm mitzuteilen, dass ich, wenn ich es auch gern getan hätte, leider nicht weiter mit ihm korrespondieren konnte.

Dies hätte meinen Arbeitsplatz gefährdet und wäre für unsere kleine Familie ein zu hoher Preis für ein Hobby; mag es noch so interessant sein.

Dieser denkwürdige Tag hatte trotzdem Auswirkungen, denn auch ich fing nun an, mir Gedanken zur Geschichte unserer Familie zu machen. Aber noch war ich nicht infiziert, sondern sammelte alles, was ich so bekommen konnte - so wie ich es von der Philatelie her kannte, nur nicht so intensiv.

Immer wieder gab es nun Gespräche zu unserer Familiengeschichte in mehr oder weniger intensiven Gedankenaustauschen mit meinem Vati.

Dieser wusste viel über seine Verwandten in Geithain, Bad Lausick, in Engelsdorf am Klingerplatz, Reinsdorf, Waldheim, Döbeln und natürlich in Gera, den Verwandten seine Mutter Anna Täuscher – sogar einige Erinnerungen an seinen Opa sind mir nebulös im Gedächtnis geblieben.

In dieser Zeit beging ich einen großen nicht wieder gut zu machenden Fehler - ich hörte mir zwar alles an, vergaß aber, diese interessanten Erinnerungen niederzuschreiben.

Auch die damalige Zielstellung von Peter war ein wenig zu weit gegriffen. Beides mit schweren Folgen. Peter gab die Forschung auf, weil der Anspruch einfach zu groß gewesen ist und es zu viele „Pechstein" gab.

Er fand nur wenige Verbindungen zwischen den gefundenen Zweigen und musste immer neue Enttäuschungen verkraften. Und das Internet, was ihm helfen konnte, war noch nicht geboren.

Heute weiß ich: Von mir wurde die letzte Gelegenheit versäumt, wichtige Zeitzeugen zu befragen. Damit schwand von Jahr zu Jahr sowie Monat zu Monat die Möglichkeit aus dem Wissen der „Altvorderen" zu lernen. Aus heutiger Sicht verbummelte ich die Chance, für spätere Generationen äußerst wichtigen Erfahrungen festzuhalten. Mosaiksteine unserer Familiengeschichte gingen verloren.

Meine Großeltern väterlicherseits lernte ich leider nie kennen. Diejenigen Verwandten, die über das Wissen ihrer Eltern und Großeltern mehr oder weniger noch verfügten, befragte ich nicht bzw. interessierte mich nur oberflächlich für deren Vergangenheit. Warum sollte ich mich, befasst mit täglichen Problemen auf der Arbeit und der Familie, mit den Lebensgewohnheiten, die freudigen und traurigen Ereignisse der Familie, mit den Wohnorten und Leben der Onkel und Tanten, befassen?

Man nahm die Erzählungen der Eltern, Großeltern und näheren Verwandten zur Kenntnis, mehr nicht. Gern hörte ich in meiner Kindheit meinem Opa mütterlicherseits zu, wenn er von seiner Dienstzeit im Kai-

serlichen Garderegiment berichtete. Ehrfürchtig schaute ich dann auf sein Bild im Wohnzimmer, wo er in einem Wachhäuschen posierte.

Er war stolz auf diese Zeit, auf seinen Dienst „Mit Gott für Kaiser und Vaterland". Auch wenn viele seiner Kameraden und Freunde den 1. Weltkrieg nicht überlebten, die Kinder ohne Vater und Ernährer, die Frauen ohne ihren geliebten Mann auskommen mussten. Erschwerend in den Nachkriegsjahren für alle die Weltwirtschaftskrise und die viele Existenzen vernichtende Inflation.

Doch mein Opa kam gesund aus dem Krieg, fand eine gute Arbeit als Stellmacher bei der Reichsbahn. Später konnte er sogar ein Haus bauen, wo seine vier Töchter behütet aufwachsen konnten.

Das war es, woran ich bei der Familiengeschichte mütterlicherseits dachte. Anderen wird es ähnlich gehen. Warum sich mit Dingen belasten, die die meisten uninteressant finden?

Ahnenforschung war auch ein belastetes Thema durch die Nazizeit und davor eigentlich nur ein Thema für den Adel und das Großbürgertum. So hatten wir es in der Schule gelernt.

Meine älteren nahen Verwandten sprachen nicht gern über die Vergangenheit. Niemand wollte an die verheerenden Folgen der drei Kriege – Deutsch-Französischer Krieg, 1. und 2. Weltkrieg – und den Kampf der Familien in diesen schweren Zeiten ums Überleben erinnert werden.

Man verdrängte die schlimmen Bilder aus den Kriegen, die nachts noch immer als Albträume bei vielen den Schlaf störten. Andere waren im letzten Krieg gefallen oder schon lange verstorben. Mein Vati, Herbert Pechstein, wusste noch viel über die frühere Geithainer Zeit seines Vaters als Pflegekind bei einer Uhrmacherfamilie und als Bäckerlehrling.

Er erinnerte sich noch an Erzählungen seiner Eltern über Ereignisse längst vergangener Zeiten meiner Urgroßeltern, aber auch noch an damals zur Familie gehörende Verwandte. Zu Letzteren gab es in jungen Jahren noch mehr oder weniger Kontakte. Doch nach deren Tod hatten deren Nachfahren teilweise kein Interesse oder zeigten sich für neue Kontakte nicht aufgeschlossen. Man verlor sich aus den Augen. Die „Groß-Familie" verlor den hohen Wert, den sie Jahrhunderte lang hatte.

All das familiengeschichtliche Wissen musste somit als Verlust abgebucht werden. Meine Mutti konnte sich später, als sich mein Interesse an diesem Wissen erhöhte, in ihrem hohen Alter nicht mehr so detailliert erinnern. Handelte es sich doch nicht um ihre Familie, wo sie aufgewachsen war. Trotzdem nutzten wir ihre letzten Lebensjahre, um z. B. die Personen auf den alten Fotos noch mit Namen zu versehen und die ihr bekannten Ereignisse zu notieren.

Dies sind Begebenheiten im Leben, die man nie wieder zurückholen kann, Informationen gehen so für immer verloren. Das wurde mir leider erst als Rentner bewusst. Erst beim Suchen nach einer sinnvollen Aufgabe, die ich in meiner neu gewonnenen Freizeit erledigen wollte, erinnerte ich mich daran. Jetzt besann ich mich, wollte mich mit der Herkunft unserer Familie beschäftigen.

Auch angeregt durch Recherchen anderer Hobby-Genealogen, die mich oft im Großbreitenbacher Museum aufsuchten, damit ich für sie im Stadt- oder Museumsarchiv zu ihren Vorfahren recherchierte. Aber auch die Gestaltung von Ausstellungen zu diesem Thema führte zu einem neuen Herangehen und wachsendem Interesse an der eigenen Familiengeschichte.

Ich begann das gesammelte Material, einschließlich Peters Unterlagen, zu sichten und zu bewerten. Auch in der Hoffnung, die von Peter angestrebte Erforschung der Familienzweige zu vervollständigen und Verbindungen zwischen den Zweigen zu finden.

Bald musste ich ernüchtert feststellen, dass ich wohl die Zielsetzung von Peter ändern musste. Durch die neue politische Situation hatte ich auch die Hoffnung mit Peter Kontakt aufzunehmen, um gemeinsam mit ihm die Pechsteins zu erforschen.

Ersteres konnte mit einem Besuch von ihm und seiner Frau Michaela

2007 realisiert werden. Ich musste jedoch zur Kenntnis nehmen, dass Peter sich von seiner damaligen Leidenschaft, der Ahnenforschung, verabschiedet hatte.

Jetzt widmete er sich der Erfassung und Archivierung der vom Aussterben bedrohten Spezies „alte Signale, Bahnhöfe und andere Bahnverkehrsanlagen".

Es kam später im Ergebnis meiner Recherchen noch deftiger. Sein Geithainer Ahn aus dem 18. Jh. bildete einen neuen, einen Dresdener Familienzweig. Dieser berührte den unseren kaum.

Beim Sichten meiner Zettelwirtschaft warf jede Information, die ich aufnahm, neue Fragen auf, auf die nun niemand mehr aus meinem Familienzweig antworten konnte. Auch meine Leipziger Onkel waren überfragt. Sie kannten ihren Vater kaum und waren die Kinder seiner zweiten Frau. Wussten so auch nichts über die Mutter meines Vatis.

Immer wieder kam ich dabei ins Grübeln und machte mir Vorwürfe. Warum habe ich mich nicht eher intensiv zum Leben meiner Vorfahren erkundigt? War es Überheblichkeit, dass das Vergangene keinen Wert für die junge Generation hat?

War es nur Bequemlichkeit etwas aufzuschreiben oder meinte ich, wenn man etwas vernommen hatte, dass die grauen Zellen dies ewig auf Abruf speichern? Das, was mich bei meinen Großeltern und meinen Eltern immer wieder erstaunte, war die detaillierte Schilderung von Ereignissen, die Jahrzehnte zurücklagen.

Bei mir funktioniert dies leider nicht. Diese Bewunderung nützt mir heute aber wenig, denn ich habe die vielen interessanten Erzählungen deshalb nicht mehr abrufbereit im Gedächtnis. Die heutige Informationsflut aus den Medien, dem Internet und den vielen anderen Möglichkeiten, die täglich uns wie Lawinen überrollen, überlagern schnell andere Informationen.

Es unterscheidet unsere Generation von denen unserer Großeltern und Eltern, dass diese alles, was die Familie betraf - Urkunden, Bilder, Kleidung, Erinnerungsstücke -, aufgehoben haben, ja, wie einen Schatz bewahrten. Es war eine ungeschriebene Pflicht, das Andenken der Familienangehörigen in Ehren zu halten sind. Ungeschriebenes Gesetz war auch, das Leben der Älteren, auch der schon lange Verstorbenen, zu achten. Zur heutigen Situation wird sich jeder selbst seine Gedanken machen.

Auch meine Eltern, wie auch die von Achim, Diana, Dieter, Gerd, Helmut, Peter, Roswitha, Stephan und Werner – alle aus der „Geithainer Pechstein-Sippe hervorgegangen, denen wir bei unseren Recherchen begegneten, haben vieles aufgehoben und somit die Grundlage für eine interessante Aufarbeitung unserer Familiengeschichte gelegt.

Auch wenn es sich dabei um andere Familienzweige handelt, es gibt zeitgeschichtlich gesehen vieles, was ähnlich auf unsere Familie zutrifft.

Es ist erschütternd, wenn man bei Nachfragen hört, dass der „alte Kram" bei der Haushaltsauflösung im Sperrmüll landete. Gedankenlos wurde weggeworfen, was den Verstorbenen am Herzen lag, auf was sie zuallerletzt in ihrem Leben verzichtet hätten.

Die Erben benötigten es einfach nicht in der modernen Wohnung oder im neuen Haus. Es passte nicht in das Leben der jungen Leute, entsprach nicht dem System der heutigen Wegwerfgesellschaft, war unbrauchbarer Ballast.

Familiäre Erinnerungen besitzen in der heutigen Zeit einen geringen Stellenwert. Über Generationen gepflegtes Erbgut wie altes Porzellan, oft ein Hochzeitsgeschenk, wird verachtet, da es nicht spülmaschinenfest ist.

Alte Ölgemälde von unbekannten Malern sind unnütze „Schinken", werden ersetzt durch billige Drucke aus dem Baumarkt. So ist es in einer Gesellschaft, wo nur das „ich" im Vordergrund steht, primär materielle Werte zählen, bei der Moralvorstellungen sowie ideelle Werte untergeordnet, ja oft wertlos sind. Man wollte und will oft nicht begreifen, dass das Heute nicht ohne dem Gestern, ohne dem Wissen, den Leistungen und den Erfahrungen der bisherigen Generationen so bestehen würde.

Dieser Standpunkt widerspricht jedoch dem Verhalten vieler Menschen, die beim Anblick einer Mutter mit Kinderwagen sich darüber beugen und sagen: „Ei, ei, ei, du kleine Maus, das schöne Mündchen und die Grübchen, wie bist du freundlich - ganz die Mama".

Oder „Na, wer weint denn da. Du hast aber eine kräftige Stimme und ziehst einen Flunsch – ganz der Papa". Gut wird mancher sagen, dies sind doch nur Floskeln, um der Mutter, den Eltern, zu schmeicheln. Ist es das wirklich oder ist es nur die halbe Wahrheit?

Es ist erwiesen, dass dem kleinen Erdenbürger viele Erbanlagen für seinen Lebensweg mit in die Wiege gelegt wurden, wie z. B. charakterliche Eigenschaften und Talente, aber auch für die Gesundheit wichtige genetische und körperliche Voraussetzungen.

Alles dies kommt nicht aus dem Nichts, sondern wurde über Generationen entwickelt und durch das Leben der vorherigen Generationen geprägt, verändert und weitergegeben.

Irgendwie hört sich das nach Darwin an, was ich auch nicht bestreiten will. Heute spricht man von der synthetischen Evolutionstheorie, wo die wissenschaftlichen Erkenntnisse der Neuzeit eingeflossen sind. Manche denken bei Erbanlagen nicht unbedingt an die Genetik, eher an ein Konto auf einer Bank in der Schweiz.

Natürlich haben auch diejenigen recht, die dabei vor allem das materielle Erbe favorisieren, was natürlich auch das Leben und die Zukunft des Kindes stark beeinflusst.

Aus diesen Kenntnissen heraus verbinden die potenziellen Eltern mit der Realisierung des Kinderwunsches auch die Vorstellung, dass sie in ihrem Kind und später den Enkeln weiterleben. Sie wollen deshalb immer das Beste für den Nachwuchs tun. Sie haben schnell auch einen Rat aus den großen Fundus der Lebenserfahrungen bereit.

Das kommt nicht nur in der Pubertätsphase selten gut an, weil es als Einmischung in die Erziehung, oder auf einen Nenner gebracht, „mit Vorschriften machen und Besserwissen" oft von den Kindern, unabhängig vom Alter, nicht erwünscht ist.

Dieses Missverständnis ist aber schon Jahrhunderte alt und wird es immer geben. Natürlich in unterschiedlicher Ausprägung und Intensität, was wieder von den Veranlagungen hinsichtlich Temperament und anderen Charaktereigenschaften abhängt, die man von den vorherigen Generationen mit auf den Lebensweg bekommen hat.

In jedem Fall ist das Begleiten der Enkel durch die Großeltern und auch deren Unterstützung bei der Berufstätigkeit der Eltern eine nicht zu vernachlässigende soziale Komponente im Erziehungsprozess.

Auf eine kleine nicht zu unterschätzende Unsicherheit in unserer heutigen Familienforschung möchte ich noch hinweisen. Einerseits ist fast immer der Vater Ausgangspunkt in der Ahnenforschung, was dem patriarchischen Familienverständnis geschuldet ist.

Andererseits ist aber fast ausschließlich nur die Mutter nach Aktenlage zweifelsfrei nachzuweisen. So war es zumindest früher. Natürlich wird auch der Vater als wichtigste Bezugsperson im Kirchenbuch aufgeführt - wenn er bekannt ist.

Auch früher ist es vorgekommen, dass die Mutter den Vater nicht nennen wollte, durfte oder konnte. Heute spricht der Volksmund in solchen Fällen auch von „Kuckuckskindern".

Der Genealoge Dr. Lindner nannte das Problem in seiner „Pechstein-Chronik" beim Namen: *„Außerdem gehörte der Untertan dem Lehnsherrn mit Haut und Haar; ja es gab das jus primanae noctis = das Recht der ersten Nacht, d. h. der Lehnsherr durfte jede Braut seiner Untertanen in der ersten Nacht nach der Hochzeit besitzen, so daß die Erstgeburt einer Ehe oft vom Lehnsherrn stammte, soweit dieser Gebrauch von sei-*

nem Rechte gemacht hatte, was natürlich nicht immer der Fall war. " Trotzdem heißt es bei der Recherche prinzipientreu zu bleiben und den im Kirchenbuch genannten Vater als rechtmäßig eingetragen zu akzeptieren.

Erscheinen jedoch besonders engagierte Paten aus „höherem Stande" wie Rittergutsbesitzer oder reiche Bürger, wo die Mutter z. B. Magd oder Hausangestellte war, könnte dies zu der Vermutung Anlass geben, dass dieses Engagement nicht uneigennützig war.

Vielleicht sah man sich in der Pflicht, das Gewissen zu beruhigen, wenn man meinte, doch einen materiellen Beitrag in Form diverser Unterstützung für den neuen Erdenbürger geleistet zu haben.

Man möge mich aber jetzt nicht verdammen oder fragen: Wieso dann dieser Aufwand in der Ahnenforschung, wenn man sich nicht sicher ist? Deshalb gilt auch hier in solchen Ausnahmesituationen der Grundsatz: „Glaube versetzt Berge".

Oder man kann es auch so sehen: Es besteht die Hoffnung auf einen „Tropfen blauen Blutes" in unserer Ahnenfolge.

Ich bin jedenfalls davon überzeugt, dass ich die Gene meines Spitzenahns in jedem Fall in mir trage und die anderen Pechsteins auch.

So ist auch dieser Punkt klargestellt, den diejenigen immer gegen die Ahnenforschung vorbringen, die kein Verständnis für die genealogische Forschung haben. Deren harsche Kritik hörten wir oft: „Was wollt ihr damit erreichen? Lasst die Toten ruhen."

Ebenso sollte man bedenken, dass in den letzten 150 Jahren sich ein gewaltiger Umbruch im sozialen Umfeld der Menschen und in deren Wertekategorien vollzogen hat. Der familiere Zusammenhalt geht immer mehr verloren, was durch die zunehmende Mobilität der Menschen und neuen Möglichkeiten in fast jedem Teil der Welt zu arbeiten und zu leben gefördert wird. Wir sprachen schon darüber.

In unserer Familie gab es früher vorwiegend Bauern, Handwerker und Kleinunternehmer mit eigenem Hof oder Haus sowie Grund und Boden. War das Eigentum noch so klein und die Arbeit sehr schwer, wurden Jahrhunderte damit die Familien ernährt. Diese Struktur gibt es nicht mehr und deshalb hat sich auch das Leben der Menschen vollständig verändert, was sich auch im Zusammenhalt und den Kontakten zwischen den verwandten Familien widerspiegelt.

Das beste Beispiel dafür ist der umfunktionierte Kuhstall von unserem Werner in Geithain. Hier führten wir interessante Gespräche mit ihm. Der „Kuhstall" seines Bauernhofes wurde zum Treffpunkt bei Familienfeierlichkeiten und war Jahrzehnte wie eine Klammer für den Zusammenhalt von Werners Familie.

Er pflegte sein Hobby, die Fotografie, und befasste sich mit der Heimatgeschichte bis zu seinem Tode. In seinem „Kuhstall" dokumentierte er fast ein Jahrhundert Familiengeschichte, aber auch Geschichte der Stadt Geithain. Möge sein Bemühen, die Familientraditionen zu pflegen und zu erhalten, anerkannt und noch durch viele Generationen fortgeführt werden und Nachahmer finden. Sicher ist das leider in unserer sich schnell verändernden Zeit nicht.

Werner Pechstein (rechts) mit Ilona und Gerd im „Kuhstall"

Erst im letzten Jahrzehnt wurde mir richtig bewusst, was Ursache der Sparsamkeit, des Bewahrens von noch brauchbaren Gegenständen, der Meidung des „Lebens auf Pump", wie es mein Vati nannte, war.

Man hatte nicht nur die verlustreichen und unmenschlichen Kriege mit all den Begleiterscheinungen wie Bombardements, Kämpfe an der Front, Krankheiten und Hunger sowie Vertreibung erlebt.

Nein, auch die Inflation und Weltwirtschaftskrise, die Entwertung der Ersparnisse nach dem 2. Weltkrieg sowie der Hunger prägten das Gedächtnis und die Lebensgewohnheiten der Menschen.

Aber auch der chronische Mangel an Waren, insbesondere in den ostdeutschen Bundesländern, formte die Generation unserer Väter und auch unserer Generation. Erst viel später wurde mir klar, dass das Spielgeld meiner Großeltern in Gerichshain für unser Doppel- und Schafskopfspiel Spargeld war. Es befand sich vor etwa 60 Jahren in einer für uns Kinder wunderschönen alten blechernen Zigarrendose. 1, 2, 5, 10 und 50 Pfennigstücke sowie ½ Groschen und andere Münzen. Es war von meiner Oma Erspartes, abgezwackt vom knappen Haushaltsgeld, das in der Inflationszeit von heute auf morgen wertlos geworden war.

Über Nacht musste man mit vorher utopischen Zahlen umgehen. 500 Gramm Butter kosteten z. B. im Herbst 1923 6 Milliarden Mark. Der Lohn der Arbeiter war oft am Wochenende, wo die Auszahlung erfolgte, schon wertlos. Dies nur eine kleine Illustration der damaligen Verhältnisse, mit denen unsere Vorfahren täglich konfrontiert waren.

Es war für mich ein Glücksfall, dass Werner Pechstein aus Geithain auf meinen Brief vom 28. Januar 2007 reagierte und mich anrief.

Aufgeschlossen für unsere Familienforschung Pechstein, sagte er uns sofort seine Unterstützung zu. Dies war der Beginn einer tiefen Freundschaft, basierend auf gegenseitigem Vertrauen und Achtung.

Er hatte ebenfalls einmal Kontakt mit Peter und zeigte uns stolz den Stammbaum, den sein Neffe Gerd aus Schärding einmal erarbeitete.

Zu diesem Zeitpunkt war noch nicht klar, dass unsere beiden Familienzweige einen gemeinsamen Spitzenahn hatten, wenn man auch viele Jahrhunderte zurückgehen musste. Es zeichnete sich jedoch nach unseren Recherchen und dem Studium der „Pechstein – Chronik" des sächsischen Genealogen Dr. Lindner eine Tendenz des weiteren Vorgehens ab.

Das Konzept der umfassenden Betrachtung dessen, was „PECH-STEIN" genannt wurde oder betraf, war von nun an wie bei Peter mein Forschungsansatz. Doch abgeschwächt, weil das Internet heute dazu viele Möglichkeiten bietet, den Dingen auf den Grund zu gehen.

Zunächst möchte ich jedoch mit allem rund um den Namen bzw. Begriff „Pechstein" beschäftigen und die äußerst interessanten Erkenntnisse, nicht unbedingt immer mit wissenschaftlichen Anspruch, darstellen.

3. Auf der Suche nach Pechstein

Nachdem ich geboren war, erhielt ich den Nachnamen Pechstein und war mit dieser Eintragung bei den Behörden als neuer Bewohner dieser schönen Welt angekommen.

Zuvor war ich zwar ein Lebewesen, vielleicht auch ein unschuldiges Menschlein, aber noch kein richtiges Mitglied der Gesellschaft, geschweige denn ein deutscher Staatsangehöriger.

Leider war zum Zeitpunkt meiner Geburt die Welt hässlich – es herrschte Krieg, Hunger, Not und insbesondere die Mütter lebten in einer permanenten Angst und Sorge:

Sorge um den Mann, der meist an der Front war und sein Leben für irrwitzige Ziele kranker und machtbesessener Menschen aufs Spiel setzen musste.

Sorge um den nächsten Tag; wussten sie doch oft nicht, wie sie die Kinder satt bekommen sollten.

Sorge um eine Unterkunft, denn viele Häuser und Wohnungen waren zerstört. Arbeitsplätze mit Verdienstmöglichkeiten waren rar.

Sorge, wie man die tägliche Arbeit bewältigt, was wohl der nächste Tag an Belastungen und Kummer bringen könnte.

Aber dies ist Geschichte und es ist etwas, was den zukünftigen Generationen, unseren Kindern, Enkeln und Urenkeln, nicht noch einmal widerfahren darf.

Es lohnt sich, jeden Tag dies zu verdeutlichen und für ein friedliches Miteinander, für eine Zukunft in Frieden und Freiheit für unsere Nachkommen zu kämpfen. Die heutige Zeit, wo sich die Schere zwischen arm und reich immer weiter öffnet, lässt viele nachdenklich werden. Mit der sozialen Ungerechtigkeit kommt wieder Zukunftsangst auf.

Man wünschte sich, dass die Menschen aus der Geschichte Lehren ziehen. Doch leider muss man heute an der Lernfähigkeit vieler, nicht nur der politisch Verantwortlichen in der Welt zweifeln. Gerade in der jetzigen Zeit breitet sich rechtes Gedankengut wie ein Virus aus, gehören Kriege und die damit verbundenen Gräueltaten in den Nachrichten an vorderster Stelle zu den täglichen Informationen. Die Gewaltbereitschaft in der Gesellschaft nimmt zu.

Eine Flüchtlingswelle überrollte unser Land. Noch viele Jahrzehnte wird es dauern bis diese Menschen integriert sind. Eine schwere Zeit liegt vor Deutschland, denn große kulturelle Unterschiede prallen aufeinander, müssen abgebaut werden; Konflikte sind vorprogrammiert.

Solche „Völkerbewegungen" gab es schon oft in der Geschichte. Sie förderten häufig das Verständnis für ein friedliches Miteinander und die Einsicht, dass man aufeinander zugehen muss.

Kompromisse schließen, sich den Gewohnheiten des Gastlandes anpassen, ist für die Flüchtlinge eine neue Erfahrung. Dies ist der Schlüssel für diese Menschen, damit sie ankommen, eine neue Heimat in unserem Land finden. Mögen sie den Schlüssel annehmen für eine gute Zukunft.

Viele unserer Ahnen haben in den vergangenen Jahrhunderten Deutschland auf der Suche nach einer lebenswerten Zukunft auch verlassen. Erfolgreich waren diejenigen, die sofort die Sprache erlernten, sich den Gepflogenheiten des Landes anpassten, sich nicht ausgrenzten.

Trotzdem behielten sie viele Traditionen des Geburtslandes, der alten Heimat, bei. Viele Beispiele aus Briefen von Auswanderern aus vorigen Jahrhunderten fand ich während meiner Recherchen. Der Inhalt oft traurig durch Heimweh, doch überwiegend war man stolz ein besseres Leben und neue Freunde in einer neuen Heimat gefunden zu haben.

Was aber heute viele noch mehr erschreckt, ist die Skrupellosigkeit mancher Unternehmer, die am Leid der Menschen, an den Opfern der Kriege oder den Flüchtlingen, verdienen.

Wieder sterben Kinder verzweifelter Eltern für die „Heimat", oder doch eher für die Ziele mancher Politiker und Religionen. Letztere stehen eigentlich für Toleranz, Menschlichkeit, Vergebung und Frieden. Aber auch die Religionen werden leider für die Machtspiele von Menschen benutzt und missbraucht.

Heute ist vieles anders als zu Zeiten des kalten Krieges, der unser Leben früher bestimmte. Man lebt wieder in einem gemeinsamen Deutschland. Ja, wir sind teils in einem grenzenlosen Europa angekommen, das auf einem guten Weg ist, mit einer Stimme zu sprechen. Wir können schnell und weit reisen.

Man wird, wie es heißt, zu einem gläsernen Staatsbürger, dessen Vorlieben – egal welcher Art – in großen Rechenzentren irgendwo auf der Welt gespeichert sind. Aber auch alles, was von uns im Internet, mit Handy oder Telefon kommuniziert wird, sammeln die Schlapphüte der Geheimdienste und die Konzerne, die unser Kaufverhalten manipulieren.

Den Begriff „Privatsphäre" wird es wohl bald nicht mehr geben. Man spricht von der vernetzten Welt mit allen ihren Vorzügen und offensichtlichen Nachteilen. Der islamistische Terror forciert diese Entwicklung.

Die Bürger erhalten viel Post von Firmen, die wissen, was man unbedingt kaufen muss. Mindestens einmal in der Woche gewinnt man 10000 Euro oder ein bestausgestattetes Auto. Kostenlose Reisen, sogenannte Kaffeefahrten, wieder mit tollen Geschenken und Gewinnen, geben den älteren Bürgern das Gefühl des „umworben sein". Alle wollen nur unser Bestes: Das mehr oder weniger vorhandene Geld.

Eine schöne Fassade, die viel verspricht, aber in den seltensten Fällen das Versprochene hält.

Derjenige, der auf diese Verlockungen reagiert, ist danach einerseits um eine unangenehme Erfahrung reicher, andererseits fehlt beim Haushaltsgeld das abgezockte Geld. Trotzdem kann man sich wohlfühlen in dieser Zeit, zumal man heute oft länger das Rentenalter durch den Fort-schritt der Medizin genießen und mit sinnvollen Hobbys gestalten kann.

Vielleicht sich auch einem Hobby wie der Familienforschung wid-met, bei dem man sich quer durchs Land auf die Suche nach den eigenen familiären Wurzeln begeben kann, nette Menschen trifft und neue Kon-takte knüpft.Und dann ist man noch ein Mensch mit dem schönen und nicht alltäglichen Namen „Pechstein". Was will man mehr?

Es ist noch nicht lange her, da prangte in dicken nicht zu übersehen-den Lettern in einem Boulevardblatt der marktschreierische Slogan „WIR SIND PAPST".

Das deutsche Volk sollte sich freuen, das ein Bajuware sich von nun an auf einen der bedeutendsten und mit großer Machtfülle ausgestatteten Stühle der Welt setzen konnte.

Dies war das Ergebnis eines immer wiederkehrenden Rituals am 19. April 2005 im Vatikan. Es endete damit, dass man – obwohl die Zimmer-temperatur es nicht erforderte – den Kamin bestückte und das Feuer lo-dern ließ.

Mit aufsteigendem weißem Rauch wurde der Welt verkündet, dass ein neuer Stellvertreter Gottes auf Erden gefunden wurde. Diese Ehre, und, wie sich nach und nach herausstellte, auch Last, wurde dem in Marktl am Inn geborenen Kardinal Josef Alois Ratzinger zuteil.

Auch wir Pechsteins fanden Platz in mancher Schlagzeile. Dies war den überragenden Leistungen, jedoch auch intriganten Auseinander-setzungen im Eislaufverband, unserer Eisschnellläuferin Claudia Pechstein geschuldet, die die Konkurrenz meist hinterher laufen ließ. Auf allen Eisbahnen dieser Welt ist sie noch heute zu Hause und nicht nur bei ihren Fans bekannt. Egal wo man seinen Urlaub verbrachte, wurde man auf sie oder den Maler Max Pechstein angesprochen.

Eigentlich toll, aber leider war man nicht derjenige, der die Leistun-gen vollbrachte. Aber ein wenig stolz sein und etwas vom Ruhm der Na-mensvetterin bzw. des Namensvetters zu partizipieren, das sollte doch keine Sünde sein. Zumal Claudia auch noch eine Cousine ist – man braucht ja nicht zu sagen „zigsten" Grades. Genauer gesagt, im 17. Jahrhundert waren ihr und mein Ahn Brüder.

Ebenso nach verwandtschaftlichen Verbindungen zu dem Expressionisten Max aus Zwickau wird man gefragt. Leider muss ich hier verneinen, denn er scheint andere, aber auch sächsische Wurzeln zu haben.

Schade eigentlich, ein Original seiner Malerei würde bestimmt in unserem Zimmer gut aufgehoben sein. Doch wir Pechsteins sind bescheiden - sind mit einem Druck oder der ihm gewidmeten Briefmarke zufrieden. So müssen wir hier leider immer den Fragenden eine bedauernde ablehnende Antwort geben. Bei den „weichen" Bechsteins, dem Klavierbauer und Märchenerzähler aus Thüringen stammend, sowieso. Aber kommen wir wieder zur Titelseitenüberschrift des Boulevardblattes zurück.

Einen solchen Anspruch - Papst zu sein - erhebt man nicht, wenn wir als Titel für eine Gedankenspielerei zu unserer Familie Selbstbewusstsein zum Ausdruck bringen und umformulieren in „WIR SIND PECHSTEIN".

Dies ist kein Anspruch, sondern nur eine reine Feststellung, dass nicht nur die Nachfahren des Spitzenahns unseres Familienzweiges Gregor Pechstein aus Oberpickenhain seit mehr als 500 Jahren den Namen Pechstein in den verschiedenen Varianten mit Würde und Stolz getragen haben bzw. noch tragen.

Nein, es gibt viele Familienzweige, die nur der gemeinsame Nachname verbindet, vorwiegend mit Wurzeln in Sachsen, Franken und Berlin. In anderen Gebieten Deutschlands und angrenzenden Ländern findet man den Namen auch, aber nicht so häufig und dann oft mit „B".

Das Besondere an unserem Namen ist offensichtlich, weil es viele weitere Bezeichnungen damit gibt, was den meisten kaum bekannt ist. Das Mineral ist vielen geläufig, die Verwendung des Namens für Berge, Weinlagen und Weine, in der Pechherstellung u. a. ist weniger bekannt. Bei unserer Spurensuche sind wir auch dem nachgegangen. Die Erfahrung in unserer Familie zeigt, dass bisher von den Traumfrauen, die ein jeder Pechstein hatte oder hat, oder auch manchmal sich erträumte, keine etwas gegen diesen ungewöhnlichen Namen hatte.

Wie es nun einmal ist, Träume werden war oder auch nicht. Aber dies ist eine andere Sache und ist individuell zu entscheiden. Mein Vati Herbert sagte immer, „in der Wahl der Frau zeigt sich die Intelligenz des Mannes", was man eigentlich nicht bestreiten kann – auch nicht im umgekehrten Fall.

Andere sagen es anders, wie ich meine „krasser", z. B. „ein Mann bekommt die Frau, die er verdient hat" oder auch hier umgekeht.

Wie dies zu bewerten ist, möchte ich im Raum stehen lassen und jeder kann, wenn er will, in sich gehen und die Frage für sich selbst beantworten.

Zumindest kann aus den bisherigen Erkenntnissen unserer Familie festgestellt werden, dass unsere Pechsteins im Wesentlichen keinen Wechselrahmen für die Hochzeitsbilder benötigten.

Inwieweit das ein Zeichen von besonderer Treue oder mit dem Lenin zugeschriebenem Zitat „mit der Einsicht in die Notwendigkeit" begründet ist – auch das muss jeder nur für sich beantworten.

Eines ist aber wichtig festzustellen, ich spreche von denen die mir begegnet sind, dass alle – auch die angeheirateten Frauen – einen ausgesprochenen Familiensinn hatten.

So auch Hulda, die liebevoll Pechstein-Omi von mir als Kind genannt wurde. Im hohen Alter äußerte sie nur einen Wunsch, den sie ihren Söhnen mit auf den Weg gab: „Haltet zusammen, bleibt auch bei widrigen Bedingungen in Verbindung." Sie musste es wissen.

Als alleinerziehende Mutter war sie nach dem frühen Tod ihres Mannes Albin in der schweren Vorkriegs-, Kriegs- und Nachkriegszeit gezwungen, immer wieder zu improvisieren.

Es war ihr Ziel, die schweren Zeiten mit allgegenwärtiger Not und Sorge mehr oder weniger erfolgreich von den beiden Söhnen fernzuhalten. So wird jeder in der Kindheit seine Erfahrungen mit Oma und Opa, ihren Erzählungen und Erfahrungen gemacht haben, die uns sehr, sehr weit, in einer scheinbar anderen Welt gelegen, erschienen. Heute wissen wir, ich sagte es schon mehrfach, wenn wir krampfhaft unsere Erinnerungen reanimieren wollen und keine Anhaltspunkte wie Fotos vorhanden sind, was an interessanten und wertvollen Überlieferungen und Wissen zu der Geschichte unserer Familie unwiderruflich verloren gegangen ist.

Oft helfen auch Fotos nicht weiter, weil diese nicht beschriftet sind und der Betrachter somit nicht mehr weiß, wer sich auf dem Foto befindet.

Doch diese Unklarheiten sind oft Antrieb sich mit anderen Familienmitgliedern zu beraten, führen zu Kontakten innerhalb der Familie, die seit Langem vernachlässigt wurden.

Auch uns erging es so, nur wir kamen auch ins Gespräch mit Angehörigen anderer Familienzweige, was äußerst interessant war. Jeder sah auf andere Entwicklungen, berichtete von Schicksalsschlägen und dem Stolz auf das Erreichte.

Beim Kramen in der Familiengeschichte und in Gesprächen mit den Pechsteins kam es immer wieder zu Fragen, die z. B. das Mineral, den Zusammenhang mit der Pechgewinnung und dem Ursprung des Namens betrafen, die ich anfangs nicht beantworten konnte.

Deshalb begann ich auf die Suche zu gehen, die Hintergründe zu recherchieren und begab mich auf den Weg zum Ursprung unseres Namens. Dabei erlebte ich manche Überraschung. Denn nicht nur in Deutschland, sondern auch in anderen Ländern begegnet man unserem Namen.

Gehen wir also auf die Reise, um die Fragen zu beantworten.

4 . Das Mineral Pechstein

Als Gott mit seiner wichtigsten Arbeit, die Welt zu erschaffen, begann, musste er an vieles denken. Nicht nur an die Vielfalt unserer

Erde, die sich immer wieder verändern sollte, sondern er durfte natürlich die „Pechsteine" nicht vergessen.

Schon deshalb kann die Theorie vom Urknall nicht stimmen, denn wer hätte dann an die „Pechsteine" gedacht?

Wie es nun einmal bei einer solch komplizierten Terminsache ist, der liebe Gott befand sich im großem Stress. Musste er doch diese gewaltige Aufgabe der Erschaffung der Welt in sechs Tagen vollbringen.

Gott gönnte sich keinen Schlaf, arbeitete Tag und Nacht, und so war ihm sein Vorhaben in Gänze gelungen.

Kein Vergleich zu den heutigen Spitzenmanagern der Banken, die noch mehr arbeiteten als er, sich nicht schonten. Die sich nichts außer abnormen Gehältern und die Abwendung von dem Begriff des ehrbaren Kaufmannes gönnten und dafür in unserer heutigen Welt die weltweite Finanzkrise schufen.

Es war das Gegenteil was Gott bewerkstelligte. Er schuf unsere schöne schützenswerte Erde, teils mit paradiesischen Landschaften und meist friedliebenden Menschen.

Die gottgleichen Finanzmanager aber zerstörten Existenzen, nahmen den kleinen Leuten das Ersparte für das Alter. In Dankbarkeit für die enorme Leistung der Finanzjongleure kommt der Steuerzahler für die Verluste auf. Und seit nunmehr vielen Jahren hat das Sparen keinen Sinn, denn Zinsen gibt es nicht mehr. Was für eine Welt ist das geworden, in der wir leben. Aber dies nur als kleine Einfügung.

Nachdem sich Gott von den Strapazen erholt hatte und sein Werk wohlwollend betrachtete, fiel ihm auf, dass etwas Wichtiges in seiner Welt fehlte – der Pechstein.

Er fasste sich an die Stirn und fragte sich, wie ihm dieser Lapsus unterlaufen konnte. Es befiel ihn eine tiefe Traurigkeit und Trübsinn – heute würde man sagen, er bekam Depressionen und wäre ein Fall für den Psychologen. Nun überlegte er, wie er dies in Ordnung bringen konnte.

Da ihm nichts Gescheites einfiel und er mit sich höchst unzufrieden war, verlor er ausnahmsweise die Fassung und aus Ärger schlug er mit der Faust mit aller Kraft mehrfach auf die Erde. Dabei traf er u. a. Sachsen, den Pfälzer Wald, Schottland, Colerado/USA, Armenien, Äthiopien und Sizilien, wo sich daraufhin die Erde auftat und nicht zu beziffernde Mengen Lava an die Oberfläche der Erde trat.

Als diese heiße und flüssige Gesteinsmasse erkaltete, entstanden glasige Substanzen, die später die Wissenschaft geologisch den Rhyolithen (vulkanisches Gestein wie Quarzporphyr) zuordnete.

Erst viel später erfuhr Gott, dass er mit dieser unbeherrschten Tat das Mineral „Pechstein" erschaffen hatte und somit sein Werk ein gutes Ende fand.

Nach einer Überlieferung brachte der Römer Obsidus in der Antike eine Probe dieses glasartigen Gesteins von Äthiopien, andere sagen aus Ägypten, nach Rom.

Ob es das unscheinbare schwärzliche glasige Mineral oder der als Opal bekannte Edelstein war, den er dem Kaiser brachte, ist nicht überliefert. Zumindest ich fand es nicht.

Den Namen Obsidian oder lateinisch lapis obsianus bzw. obsidianus für diese Ergussgesteine haben wir dem römischen Schriftsteller und Naturforscher Plinius zu verdanken. Diese Minerale entstehen aus der Abkühlung der Lava, sind glasig und kieselsäurereich.

Ist der Prozess der Abkühlung langsamer und damit der Wassergehalt des Obsidians höher als 3% (bis 8%) entsteht „Pechstein", der wie erwähnt mit zu den Porphyren bzw. Rhyolithen gerechnet wird. Bei Letzteren ist ein Kennzeichen der Pechglanz.

Dieses Mineral hat exzellente Eigenschaften, die man in der Frühzeit der Menschheitsgeschichte schon zu nutzen wusste. Aus den Splittern des meist schwarzen Glases wurden die schärfsten Klingen hergestellt.

Mit dem Vorhandensein des Minerals war natürlich noch nicht alles in bester Ordnung, denn das Mineral hieß noch nicht so, wie es heißen musste. Erst 1759 beschrieb Christian Friedrich Schulze in wissenschaftlicher Korrektheit das Mineral „Pechstein" für die o. g. Steine, deren Farbe Braun, Rot, Grün bis zum tiefen Schwarz reicht. Doch der Frei-

berger Professor Abraham Gottlob Werner (links Denkmal in Freiberg/Sa.) verhalf dem Namen Pechstein zu „Weltruf", d. h. er benannte die besondere Form des Minerals endgültig als „Pechstein", indem er es in seine wissenschaftliche Klassifizierung aufnahm.

Diese Klassifizierung sollte zukünftig international Bestand haben.

In Frankreich gab es erste Hinweise zu dem Mineral mit dem Namen Pechstein 1787 in dem „Journal de physique" durch die Herren de Larbre und Quinquet.

„Er (Anm.: Pechstein) *fand sich bei Paris zu Mesnilmontant 60 bis 80 Fuß tief unter einer Thonbank, im Lager von einer weißgrauen erhärteten und sich blätternden Erde. Er kommt daselbst in größeren und kleineren, meistens einzelnen, nierenförmigen oder vielmehr knolligen Stücken vor. "*

Die Entstehung des Namens für das Mineral wird aber auch eine längere Entwicklung hinter sich haben und im Laufe der Zeit entstanden sein. Man sollte davon ausgehen, dass den Namen die Bergleute „erfanden", die das Mineral förderten bzw. verarbeiteten oder Umgang mit dem Gestein hatten.

Der oft vorhandene Pechglanz war wohl für die Namensgebung des Minerals mit unserem Familiennamen ausschlaggebend und nicht wie ich anfangs vermutete, dass das Mineral eventuell die Quelle für den Familiennamen war. Möglich ist, dass Herrn Schulze ein sächsischer Namensvetter von uns zu dieser Namensgebung inspirierte, aber eher unwahrscheinlich.

Möglicherweise trug das Vorkommen dieser Gesteine in größeren Lagerstätten in Sachsen mit dazu bei, dass er einen Namen mit sächsischem Bezug wählte. Vielleicht dachte er auch an das traditionelle Handwerk der Pechgewinnung in Sachsen.

Anzunehmen ist jedoch, dass der Begriff eine Wortzusammensetzung aus Pech und Stein ist, entlehnt der Ansicht eines schwarzen Felsstückes, dass dem Namensgeber zur Begutachtung vorlag.

Für Naturliebhaber gibt es heute in unserer schönen sächsischen Heimat verschiedene Möglichkeiten, sich auf die Suche nach dem „gläsernen" Felsen zu begeben.

Wenn man einmal etwas vom „Kugelpechstein" in Spechtshausen im Tharandter Wald hören sollte, möge man nicht an eine „Pechstein-Variante" der Wildecker Herzbuben oder an den leider viel zu früh verstorbenen Schauspieler Dirk Bach denken.

Nein, man sollte dies zum Anlass nehmen, einen Ausflug und eine Wanderung zu planen, die durch einen herrlichen Wald führt. Wir entschieden uns aus Zeitgründen den kürzeren Weg zu nehmen.

Der leicht ansteigende, gut beschilderte Weg begann an einem Parkplatz am Rande des Ortes Spechtshausen.

Umsäumt von hohen Laubbäumen, durchzogen von aus dem Boden ragenden dicken knorrigen Wurzeln und begleitet von dem feuchten, erfrischenden Geruch nach Pilzen und Moos, führte der Waldweg zu unserem Ziel.

Man spürte bei jedem Atemzug die Heilkräfte der Natur, die in den Körper dringen. Unwillkürlich atmete man intensiver, sog die Luft tief ein. Unachtsamkeit wurde mit Rutschen bestraft. Der Boden war durch die hohe Luftfeuchtigkeit sehr glatt.

Die Wurzeln, oft mit Flechten und Moosen bewachsen, zeigten sich als tückische Hindernisse auf dem ansteigenden, sonst jedoch angenehm zu wandernden Weg.

Nur wenige Sonnenstrahlen durchdrangen das dichte Blätterdach. Gelang es diesen einmal den Waldboden zu erreichen, dann kam es zu interessanten Schattenspielen durch die sich leicht bewegenden Äste. Ein Jogger überholte uns keuchend und schnaufend, den Schweiß immer wieder abwischend, doch nicht in seinem Tempo nachlassend. Ein kurzes „Hallo" und schon war er unseren Blicken enteilt. Er sah nichts von der Natur – forderte nur Leistung von seinem Körper.

Unser Wandertempo hatte den Vorteil, dass wir die Pflanzen, Käfer und anderen Insekten, die in den Bäumen und Unterholz sitzenden, singenden Vögel sahen und beobachten konnten.

Auf diese Weise verging die Zeit kurzweilig und überraschend schnell für uns. Immer wieder verharrten wir, denn die Lichteffekte der durch das Blätterdach eindringenden Sonnenstrahlen beanspruchten unsere Aufmerksamkeit.

Plötzlich standen wir vor einem Schild mit folgendem Text: „Kugelpechsteine. Flächennaturdenkmal. Glasig-kugelig erstarrtes Porphyrgestein. Entstanden im Oberkarbon vor 250-300 Millionen Jahren beim Durchbruch glühender flüssiger Lavamassen durch die Decke des Tharandter quarzarmen Porphyrs. Das Zerschlagen und Mitnehmen der Steine ist verboten."

Wir sahen uns aufmerksam um; stellten fest, dass viele Pechsteine den Boden bedeckten, jedoch alles recht unscheinbar und gar nicht unseren Erwartungen entsprechend. Wo sind die Kugeln, die man aus der Bezeichnung erwartet?

Erst später fand ich in einer Beschreibung zum Ascherhübel bei Hartha, dass die Bezeichnung „Kugelpechstein" daher rührt, weil in den „glasartigen, schwarzglänzenden Gesteinsbrocken (,Pechglanz'), in denen neben großen Felsspatkristallen eigenartige rote Kugeln eingeschlossen sind. Diese Kugeln können mikroskopisch klein sein, aber auch die Größe eines Menschenkopfes erreichen. Sie bestehen wahrscheinlich aus umgeschmolzenem Gesteinsglas."

1769 wurden die rätselhaften Gesteinsbrocken erstmals erwähnt. Eine Lebenserfahrung fiel mir dabei ein: Oft ist auch Unscheinbares schön. Dieser Gedanke bewahrheitete sich, als wir geschliffenen Pechstein sahen. Das in Sachsen im Steinbruch abgebaute Gestein dient vorwiegend als Schotter oder auch zum Bau einer Natursteinmauer. Trotzdem ein lohnender Weg zum Tharandter Wald - befanden wir uns doch für kurze Zeit auf dem „geologischen Mittelpunkt Sachsens und im schönsten Wald Sachsens" - so die Werbung der umliegenden Gemeinden einschließlich des Kurortes Hartha.

Auch hier der Hinweis auf die andere größere Lagerstätte in der Garsebacher Schweiz bei Meißen.

Kugelpechstein – geschliffen und poliert – aus Spechtshausen

Naturdenkmal „Kugelpechsteine" im Tharandter Wald

Natürlich beinhaltete unsere Reise auch eine Stippvisite in diese Gegend. Die Landschaft unspektakulär, der Weg ansteigend und teilweise recht schmal. Die Wegmarkierung mit einem gelben Punkt führte uns sicher zu den „Pechsteinklippen".

Bereits an der Straße wird der Besucher mit einem Schild auf die Besonderheit der Landschaft hingewiesen: *„Pechsteinklippen. Hier, am Südrand der Stadt Meißen, beginnt das Porphyr-Pechsteingebiet, das im Volksmund nach dem benachbarten Ort Garsebach als Garsebacher Schweiz bezeichnet wird.*

Mit etwa 1,5 Quadratkilometer ist es das größte Porphyr-Pechsteinlager Mitteleuropas und stellt somit eine besondere geologische Sehenswürdigkeit dar. Andere Pechsteinvorkommen sind bei Tharandt in Sachsen, Ebersbach bei Bad Lausick, Ungarn, Russland und Mexiko festgestellt worden. "

Der Weg führt an einem mit Sträuchern und Bäumen dicht bestandenen Hang entlang. Bald erreichten wir einige wohl zu einem Gut gehörende Häuser – Klipphausen. Nur wenige Meter und man befindet sich auf den Klippen, einem Felsen aus Pechstein.

Eine lohnende Anstrengung für Naturliebhaber, denn hier kann man auf einer Bank den faszinierenden Blick in das Triebischtal genießen.

Wir saßen und liefen praktisch auf einem „gläsernen Berg" oder auf „Pechstein". Die Mitnahme eines Pechstein-Steines als Andenken wird hier nicht verwehrt und kann somit ungestraft als Erinnerung an diesen erlebnisreichen Ausflug mit nach Hause genommen werden.

Liegen diese Felsstücke doch wie normale Steine auf dem Acker – unscheinbar, wie Schotterbruchstücke, die kaum Beachtung finden. Nur der Bauer wird ab und zu fluchen, wenn ein größeres Felsstück ihn beim Bearbeiten des Ackers behindert und vielleicht die Maschinen beschädigt.

Und hier, auf einer Bank sitzend und die herrliche Aussicht in das Triebischtal genießend, kam mir auch der Gedanke zum Titel dieses Buches, denn ich saß auf einem recht hohen Felsen aus Pechstein.

Es ist ein unbeschreibliches Gefühl. Man sitzt oder steht auf einem steilen Felsen, die Bank unter Schatten bietenden Bäumen, der Blick auf

Pechstein-Klippen in der Garsebacher Schweiz

Pechstein - geschliffen und poliert - von den Pechstein-Klippen in der Garsebacher Schweiz bei Klipphausen

37

eine Ruhe ausstrahlende, hügelige und bewaldete Landschaft zu beiden Seiten des Flusses Triebisch. Dreht man sich um, wenige Meter hinter der Bank ein ganz anderer Eindruck – ein Acker.

Die unweit gelegenen Steinbrüche werden heute noch betrieben. In früheren Zeiten verwendete man den Pechstein auch als Rohstoff für die Herstellung von Flaschen für den Meißner Wein.

Ein weiteres Beispiel für einen „Gläsernen Berg" in Sachsen ist der südlich von Meißen im Triebischtal gelegene Götterfelsen. Da wir nur den etwa 60 m über dem Triebischtal liegenden Götterfelsen besteigen wollten, folgten wir dem Wanderweg ab der Ossietzkystraße.

Ein ruhiger Waldweg mit stetigen Anstieg brachte uns auf den 194 m hohen Aussichtspunkt des Felsens, den ein großes Kreuz weithin sichtbar werden lässt. Das Kreuz setzte man 1843 und erinnert an die Gründung (1543) der „Fürstlichen Landesschule St. Afra" in Meißen.

Herrliche Ausblicke belohnen den Aufstieg zu dem massiven Felsen, der aus Pechstein besteht. Und wieder kann ich sagen: Ein Pechstein auf dem Pechstein saß.

Doch nicht nur in Deutschland gibt es Fundstätten.

Manch Sizilienreisender erfährt in der Stadt Ragusa bei der Besichtigung der Kathedrale „San Giovanni Battista", dass die dort befindliche, auch als „Schwarze Madonna" bezeichnete steinerne Figur, eine 1513 geschaffene Heiligenstatue namens „St. Johannes der Täufer", geschaffen von dem Bildhauer Angelo Rocchetti, aus Pechstein besteht.

Auch sonst ist auf der Insel der Pechstein allgegenwärtig, nicht nur der Straßenbelag ist aus diesem Gestein. Es werden sogar Bädereinrichtungen und Fußbodenfliesen daraus hergestellt.

Man sieht am Beispiel des geschliffenen und polierten Pechstein aus Garsebach, dass das Mineral sich optisch bestimmt für solche Verwendungen gut eignet. Das Resultat nach der Bearbeitung ist verblüffend; die Fläche ist erstaunlich dem Marmor ähnlich.

Wer nach Schottland reist, kann einen Abstecher zur Insel Eigg, eine Insel der Inneren Hybriden, einplanen. Die Insel Eigg, vulkanischen Ursprungs, wird als „wildes" Wanderparadies beschrieben, wo die Natur das weichere Basaltgestein durch Erosion abgetragen hat und in vielen Fällen nur Pechstein (engl. Pitchstone) im Tal übrig blieb.

Als Wahrzeichen und höchste Erhebung der Insel mit 393 m sowie aus Pechstein bestehend, gilt der Berg „An Sgurr", der die Form einer Nase hat. Man erreicht diesen Inselberg auf relativ leichtem Weg, ist aber auch ein Ziel für Kletterer. Landschaftlich eindrucksvollen Aussichten und ein Gelände mit Farmen, einem kleinen See (Loch Nam Ban Mora) und Schafherden begleiten die Wanderer.

1836 wurde die Insel als Teil der Hebriden im „Das Pfennig-Magazin für Verbreitung gemeinnütziger Kenntnisse" des Brockhaus-Verlages wie folgt beschrieben: *„Auf Eigg ist der Scuir berühmt, ein an der Küste liegender 1340 Fuß hoher Felsen, welcher aus schwarzem Pechstein besteht und in eine 350 Fuß hohe Spitze endigt die man selbst von der Küste aus wegen ihrer dunklen Farbe von einer Burgruine nur schwer unterscheiden kann. ...*

Häufig wird von Reisenden eine auf der Westseite dieses Berges liegende Höhle besucht. Sie ist 250 Fuß lang und 20 – 30 Fuß breit, den Boden bedecken unzählige Menschenknochen, die traurigen Überreste der Racheopfer einer gesetzlosen Zeit".

Bestimmt besuchte der eine oder andere Leser schon den Yellowstone Nationalpark der USA, der geologisch vielfach auch vulkanischen Ursprungs ist. Vor 70000 Jahren, also geologisch gesehen jüngeren Datums, entstand das „Pitchstone Plateau".

Das Plateau befindet sich in 2707 m Höhe, bildet einen langen Rücken aus Ryolithen, entstanden aus erstarrter Lava. Das Hochplateau, auch als Bechler-Pechstein Plateau bekannt, bedeckt eine Fläche von etwa einer halben Million Hektar. Es ist ein beliebtes Wanderziel.

Mit diesen Hinweisen zum Mineral Pechstein möchten wir es bewenden lassen, aber der Leser wird bemerkt haben, dass es äußerst interessant und lehrreich ist, sich mit den Bedeutungen von Namen und Begriffen zu befassen.

Auch zusammenhängend und abgeleitet vom Mineral Pechstein, beschäftigen wir uns jetzt mit der „flüssigen, genussreichen Variante" des Familiennamens, dem Wein.

Aber auch hier begegnet uns mit dem „Pechsteinkopf" wieder ein Mineral als Namensgeber – diesmal für einen Berg.

5. Der Pechstein Riesling

Eine der sonnenreichsten Regionen Deutschlands ist die Pfalz. Hier inmitten der Weinberge, am Fuße des Pechsteinkopfes liegt das Winzerdorf Forst an der Weinstraße.

Nicht nur die Weinfeste, sondern auch die Mandelblüte und weitläufige Wanderwege in der „Toskana Deutschlands" locken das ganze Jahr Besucher an.

Ist ja auch schön, wenn man nach einer Wanderung durch die herrlichen Landschaften mit Burgen, Schlössern, Wäldern und durch die Felder, mit Rebstöcken bepflanzt, in einer Besenwirtschaft, Weingut oder Gaststätte die Weine der Region bei guter Vesper verkosten kann,

Forst, ein kleiner, sauberer, beschaulicher Ort, beeindruckte uns durch sein südländisches Flair. Im Frühjahr blühen die Mandelbäume und der Blauregen schmückt die Häuser.

Für uns Thüringer ein besonderes Erlebnis, denn in unserem Garten blühten gerade die Tulpen und hier im Umland wurde der erste Spargel geerntet.

Welch Unterschied in der Vegetation, obwohl die Pfalz nur etwa 350 km von unserem Garten entfernt ist. Unser Weg führte uns zunächst auf die Spur des „Forster Pechstein Riesling", den wir beim Googlen fanden.

Von Wachenheim kommend, befindet sich am Ortseingang rechts die Weinlage „Pechstein". Unser Auto stellten wir auf dem Parkplatz links der Straße am Ortseingang ab. Zunächst fiel uns das Gebäude und der Weinverkauf mit der Aufschrift „Weingut Werle Erben" auf.

An Sgurr, Island of Eigg, Schottland, Foto: Philipp Clarin, München

Forst an der Weinstraße/Pfalz, Weinlage Pechstein mit Wachtenburg

Die Weinprobe verschoben wir auf später, denn Alkohol lässt Wanderer ermüden. Deshalb ließen wir das Anwesen links liegen, folgten den befestigten, leicht ansteigenden Weg in Richtung „Pechsteinkopf", der an die vulkanische Vergangenheit dieser Gegend erinnert. Er ist ein Teil des Gebirgszuges Haardt und erhielt seinem Namen vom dunklen, teils fast schwarzen Basalt-Gestein des Berges.

Beiderseits des Weges standen die Weinstöcke in gepflegten Reihen, durch die ersten Triebe in ein helles Grün getaucht. Da die Standorte doch recht unterschiedliche Bodenverhältnisse aufweisen, die sich auf die Qualität und den Geschmack des Weines auswirken, wurden diese mit unterschiedlichen Flurnamen benannt.

Links unseres Weges lagen anfangs der „Jesuitengarten" und später das „Ungeheuer", rechts die Flur „Unterer und oberer Pechstein". Letztere Lage scheint etwas Besonderes zu sein, denn ein Stein mit der Inschrift „PECHSTEIN" begrüßte uns während der Wanderung zum „Pechsteinkopf".

Der Stein, ehemals ein Fasslagerstein, erhielt die Inschrift von einem Steinmetz. Er dient nun als Erholungsort für müde Wanderer oder der Winzer lässt sich zur Zwischenmahlzeit, bestehend aus „Weck, Worscht un Woi" (Brötchen, Wurst und Wein), kurz WWW unter Einheimischen genannt, nieder.

Nicht nur die Besitzer dieser Lagen, die die Steinbank errichteten, sind begeistert von dem außergewöhnlich guten Boden für einen ebenso ausgezeichneten Riesling-Wein.

In der Chronik der Gemeinde Forst heißt es hierzu:

„In der Gewanne Pechstein haben sich infolge alter Fluranschwemmungen eine Masse Pechsteine, Basaltsteine, abgelagert.

Der Basalt ist bekanntlich vulkanischen Ursprungs, in feurig flüssigem Zustande dem Erdinneren entquollen und an der Oberfläche erkaltet und erstarrt.

Drum singen wir beim würzigen feurigen Pechstein mit dem Dichter Fr. v. Cobell:

Mag der basaltene Moorenstein
Zum Schrecken erzählen im Lande,
wie er gebrodelt im Flammenschein
und geschwärzt entstiegen dem Brande.
Brennt drunten noch jahraus, jahrein
Beim Wein soll uns nicht bange sein,
nein, nein, sollt uns nicht bange sein. "

Es ist eine alte Weisheit, dass Wein, Weib und Gesang zusammengehören, was nicht nur im Anschluss von Chorproben eines gemischten Chores zu beobachten ist. Ist es ein Männerchor kommt dann mindestens das „Weib" in Person einer Kellnerin dazu.

Wenden wir uns wieder unserem Weg zu, genießen das zarte Grün der sich entwickelnden Reben und die fantastische Landschaft.

Ich nahm die Chance wahr, mich auf den „Pechstein" zu setzen. Betrachtete die Lagen Pechstein, wo im Hintergrund die Wachtenburg zu sehen ist, und mit dem Gefühl den Pechsteinkopf hinter mir zu wissen.

Leider fehlte eines, in dieser Ruheposition ein Glas „Pechstein-Riesling" zu genießen. Doch dies lässt sich sicherlich nachholen.

Unwillkürlich wird man eingefangen von einem Gefühl, dass man sonst zu Hause nicht kennt: Man kann es bezeichnen als südländisch leicht, ohne Zeitdruck, ganz von der Landschaft eingenommen. Wir nahmen uns vor, diese Region auch zu anderen Jahreszeiten zu besuchen.

Diesen Vorsatz setzten wir auch um und lockten mit unserer Begeisterung viele Bekannte in die Pfalz. Diese schwärmten wie wir von der Aussicht von der Außenterrasse des Restaurants der Wachtenburg.

Ich ertappe mich bei den Gedanken, in einem Wirtshausgarten zu sitzen und ein Glas „Pechstein Riesling" unter einem alten in voller Blüte stehenden Blauregen zu genießen.

Dabei den ruhig ihre Aufgaben verrichtenden Einheimischen und den angereisten Weinkäufern bei der Verkostung und im Gespräch mit dem Ruhe ausstrahlenden Winzer zusehend. Alles ohne erkennbare Hektik. Das Geschäft fast als eine Form von „Wellness" betreibend. Glückliche

Menschen in einer von der Sonne und der Natur verwöhnten Umgebung, mit dem Wein als Nahrungsmittel aufgewachsen. So könnte ich mir auch einen Teil des Garten Eden vorstellen.

Ich springe von dem Pechstein, der mich verzauberte zu diesen seltsamen Gedanken. Sah meine Frau, die schon vorausgegangen war, mit einem Winzer, der mit der Pflege seiner Weinstöcke beschäftigt war, einige Worte wechseln.

Unser Weg führte weiter durch die Flur Richtung „Pechsteinkopf", gehen rechts vorbei am „Musenhang" mit seinen endlosen Reihen von Weinstöcken und ihrem satten Grün der Blätter. Es ist Frühling.

Am Wegrain die ersten Blüten des Löwenzahns, Huflattich und der Gänseblümchen, an denen sich die Insekten laben. Der Gesang der Vögel und der Grillen begleitet uns. Weiße Wolken ziehen am Horizont auf.

Ein Winzer lockert mit dem Traktor und speziellen Ackergerät den Boden. Er ist mit den Pflegearbeiten der Weinanpflanzungen beschäftigt.

Über den Weinstöcken, von der Frühlingssonne angestrahlt, auf einer Erhebung, grüßt den Wanderer die Wachtenburg oberhalb Wachenheims.

Der Anblick ist ein Anlass für uns, diese am nächsten Tag zu besuchen und von der bewirtschafteten Terrasse aus den Blick auf die wunderschöne Landschaft zu genießen. Unmerklich näherten wir uns einem Wald, wo uns eine Informationstafel zum Naturschutzgebiet „Haardt" erwartete, auch mit einigen Hinweisen zum „Pechsteinkopf".

Dieser Berg, immerhin 355 m hoch, ist wegen seines vulkanischen Ursprungs und des schwarzen Basaltgesteins wahrscheinlich zu seinem Namen gekommen. Lange wurde er als Steinbruch genutzt und ist vermutlich auch Namensgeber des Flurnamens für den Anbau eines ausgezeichneten Rieslings.

Im Steinbruch arbeiteten über Jahrhunderte Menschen unter schwersten Bedingungen, um ihre Familie ernähren zu können. Aus dem Felsen wurden Pflastersteine gehauen, die für den Wegebau sehr begehrt waren.

In einer Anzeige des Intelligenzblattes des Rheinkreises heißt es u. a.: „*Fußgönheim. Den 18. August 1830, um 10 Uhr des Vormittags, wird auf dem Gemeindehause zu Fußgönheim die Lieferung und Beifuhr von 150 Kubikmeter Pflastersteinen (sogenannte Forster Pechsteine) in drei Losen à 40 zu 50 Kubikmeter an den Wenigstnehmenden versteigert. "*

Man nannte also auch den Pflasterstein „Pechstein". Wieder eine Bezeichnung, unabhängig vom Mineral, für einen Gegenstand, der unseren Namen trägt.

Doch gehen wir zurück zu unserer Wanderung. Geologisch gesehen befinden wir uns im oberen Rheingraben, wo vor etwa 50 Millionen Jahren sich der Pechsteinkopf mit seinen in der Pfalz einzigartigen schwarzen Basalt formte.

Folgen wir den Weg durch eine Vielfalt von Büschen, Sträuchern und Laubbäumen, die eine Fülle von Düften und Gerüchen verströmen. Urwüchsig, noch feucht vom Tau des Morgens und dem letzten Regen, bietet der Wald idealen Lebensraum für unzählige Insekten und andere Tiere, aber auch Pflanzen.

Käfer kletterten durch die Gräser, kleine Fliegen umschwirrten uns, Frösche quakten in Hochzeitsstimmung in den Tümpeln und Amseln suchten mit lautem Scharren nach Würmern im faulenden Laub des Vorjahres. Ein unlängst niedergegangener Regenschauer durchfeuchtete den dichten Bewuchs des Unterholzes mit seinen Farnen, Kräutern und Gräsern, auch Pfützen auf dem Weg.

Neben den doch recht starken Anstieg belastet uns Wanderer die hohe Luftfeuchtigkeit und eine drückende Schwüle. Es ist warm geworden. Die Sonne zeigt sich ab und zu mit einigen Strahlen durch das dichte Dach des Waldes. Manch aufdringliche Schnake, blutrünstig uns umkreisend, musste nach einem Stich in meinen Arm ihr Leben lassen.

Nur selten finden sich Lücken im Blätterdach, die den strahlendblauen Himmel unseren Augen erschließen.

Der Weg ist lohnend, hat sich doch die Natur nach dem Eingriff durch den Basaltabbau erholt. Leider sind die Wege nicht gut ausgeschildert und wir mussten suchen. Auch Absperrungen verwehrten uns den Weg, wegen Unfallgefahr am steil abfallenden „Felsrand".

Der etwa 100 m tiefe teils mit Wasser gefüllte Krater, auch Ergebnis des Steinbruches, ist beeindruckend. Unten sind sogenannte Basaltsäulen zu sehen. Im Übrigen erkennt man gut, wie stufenweise des Gestein aus dem Fels gebrochen wurde. Ein weiterer romantischer, fast mystisch zu bezeichnender See liegt in der Nähe.

Ein Raubvogel, ab und zu schreiend, zog seine Kreise über dem See – beeindruckend diese Szenerie. Nicht nur Romantiker und Naturfreunde fühlen sich hier wohl. Die Zeit vergeht wie im Fluge.

Der Rückweg wird angetreten und führt uns durch das Margaretental zurück zum Waldrand. Wieder sehen wir eine Sitzgruppe, auch aus Fasslagersteinen, wie wir später erfahren, von Heimatfreunden in ihrer Freizeit geschaffen.

Ein Rastplatz, wie der Wanderer es sich wünscht. Von hier aus kann man weit über die grünen Flächen der Weinstöcke des „Musenhangs" hinunter in das weitläufige Rheintal blicken.

Nach einer kleinen dem Rucksack entnommenen Stärkung folgten wir einem anderen, nicht weniger schönen Pfad Richtung Parkplatz. Anderntags begannen wir mit der eigentlichen Aufgabe: die Verkostung des „Pechstein-Rieslings". Genüsslich „schlürften" wir den Rebensaft bei Weinproben in den Weingütern in seiner schönsten Form. Versuchten die Unterschiede und die von den Winzern dem süffigen Getränk zugeschriebenen Besonderheiten und Eigenschaften zu erkennen.

Im Ergebnis dieser schweren Aufgabe fanden sich bald einige Kartons „Pechstein-Riesling" im Kofferraum, die Deckung des Bedarfs des kommenden Jahres.

Der Seniorchef des Weingutes Eugen Müller bediente uns persönlich, als er hörte, dass wir als Nachnamen den Namen eines seiner besten Weine tragen.

Wir plauderten, probierten und lauschten angespannt, als Herr Müller den Pechstein-Riesling charakterisierte: *„Durch die Charakteristika von Boden und Kleinklima erhalten die im Pechstein gewachsenen Rieslingweine eine außerordentliche Mineralität. Die Weine probieren sich fili-*

gran und finessenreich, wirken schlank und lang anhaltend. Die Aromen erinnern an Zitrusfrucht, Feuerstein. Die Lage umfasst 15 ha, unser Besitz beläuft sich auf 1,5 ha."

Für uns auch bei der Weinprobe die Erläuterung nur schwer verständlich und nachzuvollziehen, aber wir vertrauten voll seinem Fachwissen. Entscheidend für uns: Der Wein traf unseren Geschmack und das Etikett mit unseren Nachnamen macht bestimmt bei den Gästen Eindruck.

Deshalb stand auf der Getränkekarte unseres Sohnes bei seiner Hochzeit auch der „Forster Pechstein Riesling". Er fand, dies musste sein, wenn ein Pechstein einen wichtigen Abschnitt seines Lebens beginnt.

Wir besuchten fortan öfter Forst, nicht nur wegen des Weines, sondern auch wegen des milden Klimas und der für uns außergewöhnlichen Vegetation im Frühling.

So etwa im März schmückt sich die Deutsche Weinstraße zwischen Deidesheim und Bad Dürkheim mit den Blüten der Mandelbäume. Es scheint die Natur sich ein weiß-rosa Kleid angelegt zu haben.

Es gibt für Wanderer, ausgehend von Bad Dürkheim, einen Mandelblütenpfad. In verschiedenen Weindörfern feiert man zur Freude der zahlreichen Besucher zu dieser Jahreszeit die Weinfeste.

Auch der Besuch der historischen Gedenkstätte „Hambacher Schloss" ist empfehlenswert. Oben auf dem Schlossberg fand 1832 das Hambacher Fest statt. Deshalb ist das Schloss ein Symbol der deutschen Demokratiebewegung, die Wiege unserer Nationalfahne.

Und da war noch etwas: 2012 wurde unser Name Pechstein, abgeleitet von der Weinlage, Titel eines Pfalzkrimis. Das Ringen eines Winzers um den besten „Pechstein-Riesling" endet mit Diebstahl und Mord. Passt gar nicht zum Charakter des Weines. Und auch nicht zu unserer Familie Pechstein.

In unserer Familie ist es seit mehreren Generationen üblich, zu Jubiläen einen Vortrag zu Ehren dieser Familienmitglieder zu halten. Ich weiß, dies ist nicht nur bei uns Tradition. Es stand die Goldene Hochzeit meines Onkels in wenigen Wochen „vor der Tür".

Weinrestaurant in Forst/Weinstraße und Weinprobe beim Forster Winzerverein

Dazu ließ ich mir, ganz unter dem Eindruck einer großen Weinverkostung in Forst, folgenden kleinen Vortrag einfallen:

Ein wichtig' Wort für Euch: „In vino veritas -
Im Wein liegt Wahrheit" - dazu weiß ich was.
Es gibt eine Weinstraße, das ist Euch bekannt,
Diese führt durch das pfälzische Rebenland.
Euer Bus hielt an manch Straußwirtschaft schon an,
In der Euch der Weingeist zog in seinen Bann.
Doch es gibt einen Wein, der unseren Namen trägt,
Bei dem des Weinliebhabers Herz gleich höher schlägt.
Der Pechstein-Riesling, bei Kennern ein großes Gewächs,
in der Flasche ein Wein, der auch Genießern schmeckt.
Die Weinkenner, schon bei dem Namen,
Geradezu ins Schwärmen geraten.
Am Ostrand des Pfälzer Waldes, einer Landschaft
Zwischen Bad Dürkheim und Neustadt
Liegt der kleine Ort Forst nördlich Deidesheim;
Oder aber, das ist Ansichtssache, südlich Wachenheim.
In Forst, nach Südosten ausgerichtet, am Waldesrand,
Durch viel Sonne wird der Boden stark erwärmt.
Ja, da gelangen die Trauben zu hoher Reife.
Hierher lohnt sich nicht nur für uns Pechsteins die Reise.
Es stehen die Riesling-Rebstöcke auf Basaltgestein,
Die Grundlage für einen ganz besonderen Wein.
Es ist der Pechsteinkopf, ein ehemaliger Vulkan,
an dessen Fuß baut man den Pechstein-Riesling an.
Die Weinprobe beginnt; wir wollen die Gläser leeren.
Doch der Sommelier beginnt, zuerst den Wein zu erklären:
Fruchtig, exotisch, mit jugendlich frisch anhaltender Eleganz.
Der süffige Pechstein Riesling in des Glases Glanz –
Wahrlich köstlich mit enormer Fülle, sehr filigran.

Vorzüglich im Geschmack und mit langem Abgang,
Sehr straff und satt beginnt er den rassigen Auftakt im Mund,
Zeichnet sich aus durch Kraft, Mineralität und ist gesund.
Auch die Frauen bei uns Pechstein-Männern manches verehren -
Keiner von Euch Pechsteins wird sich dagegen wehren,
Groß und unübersehbar müssen die Pechsteins sein,
Der Sommelier spricht vom großen Gewächs bei dem Wein.
Bei Wein und Mensch stimmt so manche Eigenschaft überein.
Die Menschen sind wir, das muss doch was Besonderes sein.
Der Unterschied zwischen beiden liegt auf der Hand:
Die Pechstein-Sippe hat von Geburt aus Herz und Verstand!
Der Wein aber muss erst lagern im Fass und Flaschenregal,
Erst dann entfaltet er sein großes Potenzial.
Wichtig ist, ob als Wein gelagert in der Flasche im Regal,
Oder als Mensch gelebt, Charakter und die Größe optimal.
Ein Pechstein in jedem Fall etwas Unverwechselbares ist,
Das ist es, was bei den Frauen für uns spricht.
Wir haben natürlich immer an Euer Jubiläum gedacht
und als Geschenk den Pechstein-Riesling mitgebracht.
Lasst Euch den Rebensaft genüsslich durch die Kehle rinnen,
Nicht zu viel, damit ihr bleibt bei Sinnen.
Und denkt über die Herkunft unserer Ahnen nach.
Denn einer von denen war's,
Der uns den Namen **Pechstein** gab!"

Danach erhielten die Jubilare ein Sortiment vom Pechstein-Riesling verschiedener Weingüter und Qualität. Die Überraschung war gelungen, denn in der Familie kannte man diese Variante der Bedeutung des Wortes „Pechstein" noch nicht. Doch damit nicht genug.

Denn in Forst gibt es auch einen „Pechstein-Brunnen" (Foto vorherige Seite), bestehend aus dem Basaltgestein des Pechsteinkopfes. Ein Kiosk mit der Möglichkeit zur Weinprobe bietet hier zu bestimmten Zeiten eine Rastmöglichkeit.

Verlassen wir nun eine Region, in der unser Nachname eine sehr angenehme Bedeutung hat. Zumindest in Forst an der Weinstraße sollte man sich deshalb nicht sofort angesprochen fühlen, wenn jemand einen „Pechstein" verlangt oder man Gespräche über diesen Namen hört. Nach diesen ereignisreichen und interessanten Aufenthalten können wir guten Gewissens einen Besuch in Forst und den umliegenden Orten empfehlen.

Wir favorisieren das Frühjahr mit der Mandel- und Blauregenblüte, natürlich verbunden mit einer Weinprobe in einem Weingut oder bei einem der vielen Weinfeste.

Kommen wir nun zur nächsten Variante unseres Namens als Bezeichnung für einen vor Jahrhunderten unverzichtbaren Gegenstand bei der Pechherstellung.

6. Die Pechgewinnung und der Pechstein

Naheliegend für die Namensentstehung ist der Zusammenhang mit der Pechgewinnung. Pech und dessen Verwendung findet unter anderem Erwähnung im alten Testament der biblischen Geschichte und beim Bau der Arche als Abdichtmittel.

In Sachsen, Franken oder auch Österreich widmet man sich in der Brauchtumspflege intensiv dem alten Handwerk der Pechbrennerei bzw. Pechsiederei oder der Pecherei, wie es in Österreich heißt.

Pechstein nannte man einen meist zumindest an der Oberseite flachen Stein. Aber auch Pechpfanne, Schmierstein, Griebenherd, Schmierofen oder Pechölstein sind je nach Region übliche Bezeichnungen.

In diesem Pechstein waren Rillen bzw. Rinnen eingeschlagen, die zum Ablaufen des Pechs bzw. der flüssigen Rückstände aus der Holzverschwelung dienten. Die Anordnung dieser Rinnen geschah z. B. laub-blatt-, zwiebel- oder fischgrätenartig, die entweder in einer Mulde oder einer Vertiefung zur Außenkante des Pechsteins, wo man das Pech in einem Gefäß auffing, endeten.

Solche Beispiele findet man noch heute insbesondere in Österreich. Dieser Pechstein gehörte in der Pechsiederei zu einem Pechofen.

Es gab aber auch Steine, in denen eine Mulde eingeschlagen war und der Stein als Bestandteil eines Pechofens diente. An der tiefsten Stelle der Mulde befand sich das Abflussloch, worunter ein Auffangbehälter Platz fand.

Davon gibt es noch einige Exemplare in zahlreichen Gemeinden und Museen, vor allem im Vogtland sowie dem Erz- und Fichtelgebirge.

So auch in Konradsreuth und Falkenstein/Sa. Im „Falkensteiner An-zeiger", Nr. 07/10, fand ich einen Bericht von Herrn Rößler zu dieser Thematik: *„Der Falkensteiner Griebenherd besteht aus Granit und misst ca. 70 cm x 70 cm im Quadrat, ist ca. 32 cm hoch und hat mit einem Durchmesser von ca. 51 cm eine kesselartige Vertiefung von ca. 20 cm. An der tiefsten Stelle befindet sich das Abflussloch. Aber mal ehrlich gesagt – sagt Ihnen der Name Griebenherd etwas?*

Zum Griebenherd sagt man auch ‚steinerne Pechpfanne' oder er wird als ‚Pechstein' bezeichnet. In unserer waldreichen Gegend wurde er früher für die Pechgewinnung benutzt. Aufgestellt auf einen Sockel von ca. 20–35 cm Höhe konnte man ein Gefäß für das später abfließende Pech darunter stellen.

Vor allem harzreiche Kiefernscheite, aber auch Fichte und verharzte Rindenstücke wurden wie ein kleiner Meiler auf den vorher gründlich gesäuberten Griebenherd aufgeschichtet und mit Grasnarbe abgedichtet. Nach dem Anzünden des kleinen Meilers von oben schwelte das Holz, verkohlte langsam und das Pech tropfte durch das Abflussloch in das darunter aufgestellte Gefäß.

Als Rückstände (Bodensatz) blieben im Griebenherd die ‚Pechgrie-ben' oder auch ‚Pechgriefen' zurück. Wurde das Pech mit Leinöl ver-

mischt, diente es als Wagenschmiere oder mit bestimmten Heilkräutern versetzt, benutzte man die Masse als Heilmittel für Hufkrankheiten bei Pferden und Rindern, bei Klauenseuche und als Desinfektionsmittel für Klauenvieh.

So ist der Griebenherd ein steinernes Zeugnis von der Pechgewinnung aus unseren vogtländischen Wäldern. Einst wichtiger Broterwerb – halten wir ihn in Ehren."

Es gibt aber auch andere Erklärungen, die die Pechgrieben auch als Rückstände oder auch als Ergebnis der Pechsiederei, also auch des „Harzens", bezeichnen und die im Pechofen mit dem Pechstein weiter verarbeitet wurden.

Für die Region Konradsreuth in Franken wird die Herstellung durch S. Schörner wie folgt gesehen: „Die Erzeugung des reinen Peches erbrachte noch eine große Menge unausgenutzten Rohstoffes. In steinernen Pechpfannen, auch Pechstein oder Griebenherd genannt, wurden die Rückstände des Pechsiedens weiter verarbeitet. ...

Man schichtete sie zusammen mit Kienholz auf dem meist runden Stein zu einem pyramidenförmigen Haufen und deckte wie bei einem kleinen Kohlenmeiler mit Rasenstücken und Erde ab.

Das Material durfte sich ja nicht entzünden, sondern nur glimmen, um in einem primitiven Destillationsprozess die letzten brauchbaren Stoffe auszutreiben. Sie liefen durch das Loch am Grunde des steinernen Trichters ab in ein untergestelltes Gefäß."

Die Pechgewinnung bedeutete für die Bewohner der waldreichen Gegenden eine ertragreiche Einnahmequelle und die Pechsieder wurden teilweise sehr wohlhabend. Besonders profitierten aber die Händler, die die Pechprodukte vertrieben.

Dort, wo die Pechsieder/-brenner sich niederließen, entstanden oft Siedlungen, deren Namen von diesem Handwerk abgeleitet wurden. Dazu gehören u. a. Pechbrunn, Pechgraben, Pechofen und Pechreuth.

Die Ortschronistin aus Crottendorf, Frau Wetzel, meint, dass in Sachsen schon mit Genehmigung der Herrschaft vor dem 16. Jahrhundert die

Harzerei und Pechgewinnung betrieben wurde. Sie vertritt aufgrund ihrer Recherche einen anderen Standpunkt zu dem, was Pechstein ist bzw. was auch mit diesem Namen bezeichnet wird. Sie schreibt u.a:

„Die Arbeit der Harzer wurde von Pechsteigern kontrolliert. Diese sorgten auch mit anderen Forstbediensteten dafür, dass das Harz nicht von Harzdieben heimlich abgeschabt wurde. Vor allem aus Böhmen kamen solche Diebe.

Dieser Schutz durch die kurfürstlichen Angestellten geschah natürlich auch im Interesse des Kurfürsten, der von der Harzernte den 15. Teil in Form von Pechsteinen verlangte. Dazu gab der Pecher das Harz in der Pechhütte in einen Kupferkessel und brachte es zum Sieden.

Dabei verwandelte sich das Harz in schwarzes flüssiges Pech. Neben den Kessel befand sich eine mit Holz verschalte Erdgrube. In diese schöpfte der Pecher mit einer langstieligen Kelle das flüssige Pech und ließ es erkalten und erstarren.

Aus der harten Masse stieß er mit einem Eisenstab Stücke heraus, die sogenannten Pechsteine. Diese waren natürlich ungleich groß und mussten noch gewogen werden.“

Wir haben gesehen, dass es durchaus Verbindungen unseres Namens zur Pechgewinnung gibt und, abhängig von der Region, man unterschiedliche Bezeichnungen zu Gegenständen und Materialien bei der Pechgewinnung hat. Auch ist es nicht ausgeschlossen, dass der Nachname von dieser Tätigkeit irgendwann und irgendwo im Einzelfall abgeleitet wurde.

Dazu lesen wir im nächsten Kapitel, dass bereits um 1220 der Dichter Wirnt von Grafenberg, wahrscheinlich aus dem oberfränkischen Gräfenberg bei Nürnberg stammend, in seinem Werk „Wigalois" von dem Pechstein bei der Pechsiederei sprach. Hier sehe ich den Ausdruck jedoch als Bezeichnung von „erkalteten Pech".

Etwas mehr zu dieser Thematik erfuhr ich dann in einem interessanten Gespräch mit dem Seniorchef der Pechsiederei „Pechpiering" in Eich/Sa. Gegründet 1795, stellte man u. a. Pech zum Abdichten von Bierfässern und für den Schusterhanf her. Mit einem besonderen Brauerpech im 19. Jh. trug man zur Herstellung eines besonders süffigen und im In- und Ausland begehrten Bieres bei. Herr Piering erzählte mit Leidenschaft über die lange Tradition, oft geprägt von Anpassungen an die Nachfrage zu neuen Produkten der Pechsiederei.

Gern würde er die alten Maschinen zur Herstellung der früheren Pechprodukte der Nachwelt als technische Denkmale erhalten. Besorgt zeigte er sich, weil keiner, auch nicht die Denkmalpflege, Interesse an den alten Produktionseinrichtungen zeigt.

Er erzählte über seine Vorfahren, deren Geschichte er auch erforschte. Da heute das Handwerk der Pechsiederei nicht mehr zum „Überleben" reicht, musste das Unternehmen neue Aufgaben übernehmen.

Gern nimmt das Unternehmen Einladungen zu Volksfesten wahr, um das alte Handwerk den Besuchern zu präsentieren und vorzuführen.

„Die Besucher, und insbesondere Kinder, sind wissensdurstig, wollen wissen, weshalb gerade in dieser Region das Handwerk betrieben wurde. So wird Interesse an der Heimatgeschichte und dem  Leben der Vorfahren geweckt. Dies ist unser Beitrag zur Brauchtumspflege", erzählt er mir.

Ich verabschiedete mich von dem netten Herrn Piering, der mir zum Schluss noch einen alten Griebenstein bzw. Pechstein, überwuchert von Gras, außen an der Mauer des Betriebes zeigte.

Zufrieden, dass ich als doch noch recht „junger Pechstein" diesen alten Pechstein, befreit vom Gras, fotografieren konnte. Er war wie ich gezeichnet vom Alter, doch man erkennt noch deutlich, wozu er diente – zum Auffangen des heißen Pechs und Ableitung in ein Gefäß.

Befassen wir uns nunmehr mit der möglichen Entstehung unseres Namens.

7. Zum Ursprung des Familiennamens

Zum allgemeinen Verständnis möchte ich eingangs erwähnen, dass man in der Onomastik (Namensforschung) die Namensbildung in verschiedene Kategorien einteilt. Hier die fünf wichtigsten Gruppen:
- Ableitung von Berufen
- aus Rufnamen (z. B. wird Name des Vaters als Nachname hinzugefügt)
- nach Herkunft (u. a. Land, Landschaft, Ort, Flur, Beruf, Übernahmen wie abgeleitet von Körperkennzeichen und – teilen, Charaktereigenschaften, Arbeitsmaterialien, Tiere, Pflanzen usw.)
- slawische Namen
- Wesenszüge (z. B. Geiz, Lahm, Wenig, Reich, Schnell).

In der Literatur wird zur Entstehung der Nachnamen auf Italien verwiesen, wo bereits im 9. Jahrhundert (z. B. in Venedig 809 und in Mailand 882) erbliche Familiennamen erwähnt wurden.

Im deutschen Sprachraum begann dies folglich zunächst auch im Süden, so in Zürich (1145) und Basel (1168). Doch schon vorher 1108 findet man nachweislich den ersten Nachnamen in Köln.

Oft ist hinsichtlich der Herkunft eines Namens keine eindeutige Zuordnung zu einer der o .g. Gruppen möglich, sondern man kann bei dem einen oder anderen Nachnamen in Abhängigkeit von der Region unterschiedlich die Herkunft definieren.

Das gilt auch für den Nachnamen Pechstein oder Bechstein.

Im 5. Kapitel haben wir erfahren, dass die Bezeichnungen des Berges und der Weinlage in der Pfalz von dem dunklen Basaltgestein eines ehemaligen Vulkans sich ableiten.

Ein Vorkommen des Familiennamens Pechstein ist jedoch in der Pfalz im Gegensatz zu Vorkommen in Niederösterreich nicht zu verzeichnen. Zumindest fand ich in den Archiven keine Hinweise dazu.

In Baden dagegen, einer Kleinstadt sowie traditionellem Kurort südlich von Wien gelegen, gab es im Mittelalter auf dem Badnerberg mehrere Weingärten, die den Namen Pechstain (oder Pechstein) trugen.

Die teils abweichende Schreibweise mit „a" ist durch die regionale Schreibweise zu erklären. Die Ersterwähnung als Bezeichnung des Weingartens findet sich 1285 in einer Schenkungsurkunde an das Augustiner-Eremiten-Kloster Baden.

In der Urkunde dazu heißt es (Regeste Dr. Maurer): *„Leutold von Chreusbach überträgt zu seinem und seiner Frau Seelenheil die Kirche, die er in seinem Hof in Baden erbaut hat, dem Orden der Augustiner-Eremiten und übergibt ihnen zum Unterhalt sieben genannte Weingärten in Nußbach, Dornbach und Gumpoldskirchen sowie ein Haus in Wiener Neustadt."* Der Name des Weingartens Pechstein wird in einer anderen Urkunde vorher erwähnt.

Dieser befand sich auf dem Badnerberg in der Hut Vogeltal. Zur Bezeichnung der Weinberge im Mittelalter schreibt der Museumsleiter von Baden, Dr. Rudolf Maurer: *„Wollte man einen Weingarten näher bezeichnen, so geschah das am bequemsten nach dem Namen des Besitzers."*

Und weiter heißt es: *„Da auch am Kaltenberg zwei Weingärten Pechsteiner erwähnt sind, die 1294 dem Stift Heiligenkreuz gehörten, ist anzunehmen, daß beide Riednamen auf einen frühen Besitzer namens Pechstein oder Pechsteiner zurückgehen."*

Diese Weingärten wurden ab dem 19. Jahrhundert mit Häusern bebaut und existieren somit nicht mehr.

Aus diesen Ausführungen im Ergebnis der gefundenen Erwähnungen kann man ableiten, dass es den Nachnamen „Pechstain oder Pechstein" in dieser Region schon sehr früh im oder vor dem 13. Jh. gab.

Bestätigung findet diese Aussage in einer Urkunde des Passauer Bischofs Diephold, die auf der nächsten Seite abgebildet ist. Hier wird 1188 ein Marchwardus Pechstein (6. Zeile von unten rechts) aus St. Pölten, östlich von Wien gelegen, erwähnt. Im gleichen Urkundenbuch, „Urkun-

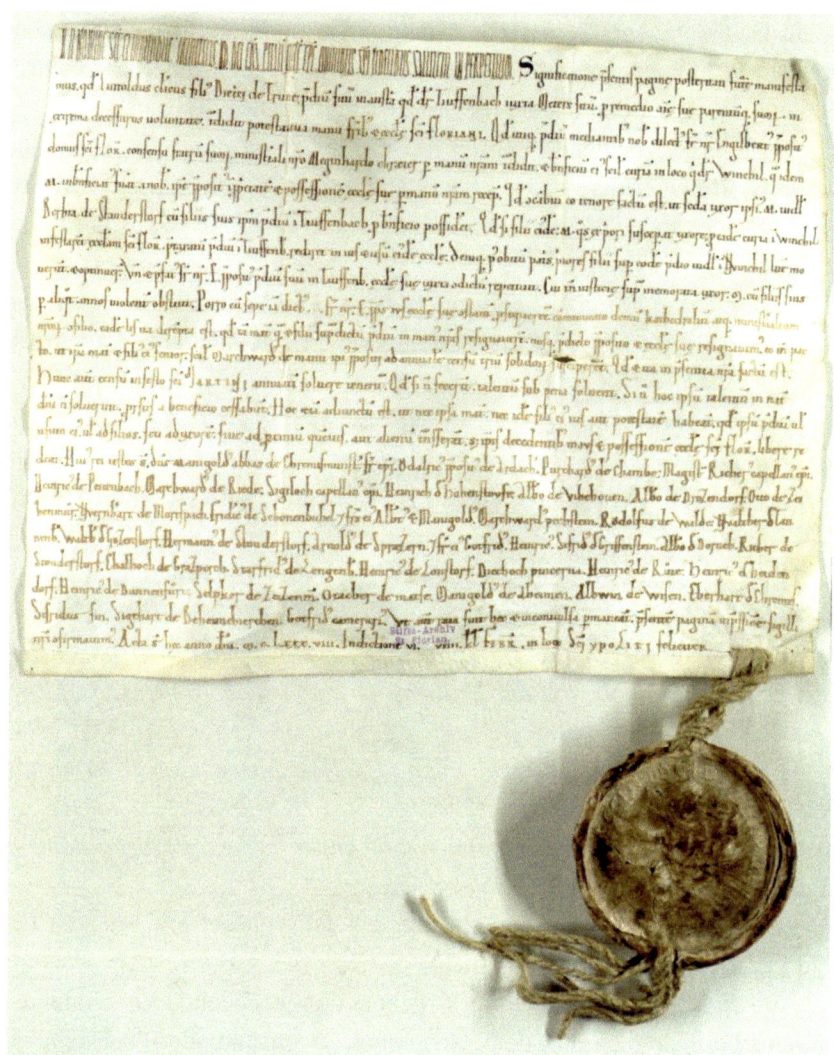

Foto: Augustiner-Chorherrenstift St. Florian
Stiftsarchiv St. Florian (Österreich), Urkunde vom 24. Januar 1188

denbuch des Landes ob der Enns", jedoch Band 1, findet man auf S.294 in einer Urkunde von 1215 einen Heinricus Pechstein. Er war Zeuge der Übergabe einer Kapelle von einer Dame an ein Kloster.

Dies zeigt, dass damals dieser Nachname in Niederösterreich offensichtlich geläufig war. Ob familiäre Zusammenhänge zwischen Marchwardus und Heinricus bestehen, war nicht ersichtlich.

Es scheint sich hierbei jedoch um die frühesten Erwähnungen des Nachnamens Pechstein im deutschsprachigen Raum zu handeln. Unklar bleibt die Herkunft des Namens.

Die Ableitung von einen Flurnamen ist möglich. Das sieht man auch in Südtirol so. In einem Artikel des Journalisten Dr. Ortner wird im Meraner Stadtanzeiger darüber berichtet, dass schon 1277 in Obermais/Südtirol ein „Hof Pechstain" erwähnt wurde.

Auch hier wird der Flurname, oder aber auch der Besitzer Ausgangspunkt der Namensgebung gewesen sein. In letzteren Fall stellt sich aber immer wieder die nicht zu lösende Frage, wie kam der Besitzer des Hofes zu seinen Namen.

Es drängt sich die Meinung deshalb auf, dass doch das Stück Land, der Berg oder das Gestein, worauf der Hof stand, z. B. für die Namensherkunft verantwortlich ist.

Nochmals taucht der Name in einer Geschichte zum „Kult des heiligen Oswald in Tirol" in einer Zeitschrift für Südtiroler Landeskunde („Derschlern") auf. In diesem Text wird auf einen Oswalt von Pechstain verwiesen, der im Jahre 1417 in Obermais lebte.

Auch in einer Urkunde von 1398 der St. Nicolaus-Pfarrkirche in Meran wird er erwähnt. Er scheint demnach ein Nachfahre der o. g. Bewohner des „Hofes Pechstain" in Obermais gewesen zu sein.

Den Nachnamen fand ich in der Neuzeit in den genannten Ländern und Regionen trotz intensiver Recherchen und Befragungen kaum. Demnach scheinen die Familien irgendwann ausgestorben zu sein bzw. den Namen verloren zu haben. So etwas kann durch Seuchen, wie die Pest, passieren, oder auch, dass in einer Familie nur Mädchen als Nachkommen existierten.

Vergeblich sucht man deshalb unseren Nachnamen in den Telefonbüchern von Österreich und Südtirol. Nur im Bundesland Oberösterreich erhält man zwei Angaben - doch diese Personen sind Nachfahren eines Geithainer Familienzweiges.

Aus der Literatur ist für Deutschland zu entnehmen, dass die Namensschreibweisen Bechstein, um 1216 im Urkundenbuch der Abtei Eberbach bei Mainz („Dithericus Bechstein als Zeuge"), und Pechstein, um 1281 in Goslar erstmals auftraten. Damit sind es die bekannten Ersterwähnungen als Familiennamen in Deutschland.

Im Urkundenbuch der Stadt Goslar wird der Name Pechstein mehrfach erwähnt. So Johann II. Pechstein (II. bestimmt deshalb, um ihn vom Vater zu unterscheiden) mit seinem Sohn Conradus als Mitglieder der Krämergilde im Jahre 1281.

Im Mitgliederverzeichnis dieser Gilde vom 12. Juni 1292 findet man noch die Namen der Söhne Henning, Conrad, Johann und Gerhard. Letzterer wurde neu in die Krämergilde aufgenommen.

In der Krämergilde organisierten sich vorwiegend Kaufleute. In Goslar (freie Reichstadt), war eine bedeutende Handelsstadt zur damaligen Zeit. Sie gehörte der Hanse an und war praktisch ein Bindeglied zu den mitteldeutschen Handelszentren.

Henning Pechstein wurde als Meister der Gilde bezeichnet. Es kann aber nicht definitiv gesagt werden, dass er damit der Gilde vorstand. Auch ist nicht bekannt, welches Gewerbe bzw. Handel man betrieb.

Die Pechsteins sind, wie Herr Albers vom Archiv der Stadt Goslar schrieb, im Häuserbuch von 1546-87 und im Bestand „Privata" 1597-1647 mit Nennungen von Personen mit dem Nachnamen Pechstein enthalten. Es ist anzunehmen, dass diese Nachfahren der Mitglieder der Krämergilde aus dem 13. Jh. sind.

Des weiteren findet man in St. Andreasberg für die Zeit von 1623-29 einen Münzmeister Heinrich Pechstein. Ob dieser ein Nachfahre der Goslarer Pechsteins ist und man daraus schließen kann, dass der eine oder andere Pechstein der Krämergilde in Goslar auch dieses Gewerbe ausübte, ist Spekulation.

Zumindest kamen die Münzmeister meist aus den Kaufmannsfamilien, hatten besondere Privilegien und Befugnisse. Es bleibt festzuhalten, dass es die Personennamen in Goslar bereits im 13. Jh. gab. Im Telefonverzeichnis von heute ist jedoch der Name Pechstein nicht mehr zu finden.

Fakt ist jedoch, dass ab dem 13. Jahrhundert massive Zuwanderungen aus den Gebieten um Goslar nach Sachsen stattgefunden haben. Es ist nicht auszuschließen, dass ein „Pechstein" mit dabei war oder jemand, dem der Name gefiel und diesen in der neuen Heimat Sachsen angenommen hat.

In einer Urkunde des Domkapitel Meißen vom 2. Juni 1351 wird ein Ticzko (Dietrich) Pechstein erwähnt. Er war Vicar der Domkirche zu Meißen und ist damit die erste Erwähnung in Sachsen, die ich nachweisen kann. 1361 schreibt man seinen Namen Thiczko Pechstein de Pirne. Demzufolge sollte seine Herkunft in Pirna anzunehmen sein.
Im Jahre 1371 nennt man ihn Theodoricus Pechsteyn de Pyrna. Hier wird auch deutlich, dass die Schreibweisen der Personennamen doch recht willkürlich auftreten, zumal in der katholischen Kirche lateinisch die Regel war.

Das Stadtarchiv von Schwäbisch-Hall informierte mich darüber, dass eine Urkunde vom 13.02.1361 existiert, wo ein Cunrat Bechstein aus Gelbingen erwähnt wird.

Aus den Eintragungen in den Akten und Urkunden des Stadtarchivs in Schwäbisch-Hall, die meist die Entrichtung von Steuern und Abgaben betreffen, erkennt man aber auch, dass in dieser Region Württembergs die Familiennamen mit Vor- und Zunamen schon im 14. Jh. eingeführt waren. Dies war in vielen Regionen Sachsens z. B. um diese Zeit noch nicht so geschehen.

Nach den bereits genannten sehr frühen Funden in anderen deutschsprachigen Regionen gehe ich davon aus, dass es weitere Vorkommen zwischen dem 12. und 14. Jahrhundert des Nachnamens Pechstein auch in Ost- und Mitteldeutschland geben sollte.

Zumindest veröffentlicht ist scheinbar noch nichts. Alle diese frühen Erwähnungen lassen darauf schließen, dass der Nachname Pechstein oder Bechstein sich unabhängig voneinander in verschiedenen Regionen und

Ländern herausgebildet hat. Durch Wanderungsbewegungen der Menschen kann der Name natürlich auch schon in sehr früher Zeit regional verbreitet worden sein. Es gibt deshalb noch viele Aufgaben, noch viel Unbekanntes für die Forschung auf diesem Gebiet.

Jetzt ist der richtige Zeitpunkt, die Meinung des Historikers, Genealogen und Verfassers einer „Pechstein-Chronik" vor einem Jahrhundert, Dr. phil. Johann Lindner aus Crimmitschau, einzufügen. Er schreibt in seiner Chronik:

„In dem Namen haben wir ohne Zweifel einen sogenannten Herkunftsnamen zu erblicken, der in diesem Falle auf einen Ortsnamen Pechstein oder ähnlich deutet.

Die besondre Schwierigkeit ist nur, daß sich ein solcher Orts- oder Bergname nicht finden läßt (Anm.: in Sachsen) *und man sieht sich nur noch auf die folgenden beiden Möglichkeiten verwiesen:*

Entweder ist der Stammort Pechstein, Bechstein, Bachstein oder ähnlich längst versunken (was früher in Kriegszeiten häufig vorkam) und lebt heute nur noch irgendwo versteckt im Namen einer Wüstung oder eines Flurstückes.

Oder wir haben überhaupt bloß einen unbedeutenden Flurnamen vor uns, der sich auf einen seiner Besitzer oder Anwohner übertragen hat. Solche Fälle sind nicht selten. Diese Flur ‚Pechstein' oder ähnlich kann aus einer kleinen Anhöhe oder einem Stück Felsengrund bestanden und auf solche Weise ihren Namen erhalten haben.

Dabei ist zu bedenken, daß der Übergang solcher Namen auf Personen und ganze Familien schon um 1300, spätestens um 1400, stattgefunden hat, und daß deshalb den genauen Zusammenhängen urkundlich nicht nachzukommen ist.

Die Buchstaben ‚B' und ‚P' wechselten früher häufig miteinander ab, und die ursprüngliche Form des Namens scheint sich über ‚Bechstein' der Namensform ‚Bachstein' zu nähern, die wir - gleich wie Bechstein - besonders im Thüringischem vertreten finden". Wir stellen fest, dass dieser Versuch einer Definition zumindest etwas Gemeinsames mit den

Ausführungen von Dr. Maurer aus Niederösterreich und Dr. Ortner aus Meran hat: Dr. Lindner sieht die Namensherkunft in Flurnamen, wobei Dr. Maurer den umgekehrten Weg nicht ausschließt, d. h. ein Familienname wurde zum Flurnamen. Beide lassen aber offen, wie und wann es zum Familiennamen vorher gekommen ist.

Ergänzend möchte ich hier einfügen, dass es in Zittau einen Flurnamen gab: den „Pechstein-Teich", der jedoch schon früh vergraste. Auch gab es Ende des 15. Jh. in Zittau drei Erwähnungen des Nachnamens Pechstein: Hans, Martin und Matthäus.

Alle waren im Stadtrat und Matthäus lange Jahre Bürgermeister und Richter in Zittau. Also sollte es den Namen Pechstein hier auch schon länger gegeben haben, jedoch nicht als Angehörige des Rates. Dies wiederum lässt darauf schließen, dass es auch eine Zuwanderung seitens dieser Familie gegeben hat. Der Onomastiker Prof. Dr. Udolph aus Leipzig sieht die Herkunft des Nachnamens aus den Handwerken abgeleitet. *„Pechstein ist also eine vorwiegend sächsische Abwandlung von Bechstein. (Dieser Name ist uns wiederum durch den weltberühmten Klavierbauer bekannt).*

In seiner Grundbedeutung bezeichnet er einen extrem schwarzen Kiesel, der auch bei Steinmetzen Verwendung fand. Bemerkenswert ist allerdings die Streuung der Pechsteins: Sachsen ist ihre Heimat.

Vorfahren der Pech- und Bechsteins verbrachten ihr Leben lang mit Steinmetzarbeiten, sei es als Meister oder nur als Gehilfe."

Ich fand aber keinen Hinweis, was er mit „schwarzem Kiesel" meint. Vielleicht in unserem laienhaftem Verständnis einen Stein als Bestandteil des Kieses oder eine Umschreibung, die auch Felsgestein betreffen könnte, dass in Steinbrüchen gewonnen wurde. Letzteres würde die Verbindung zu Steinmetzen erklären.

Aber auch der hohe Siliziumoxidanteil, Kennzeichen des Kiesels, wie man lernte, im Mineral Pechstein als Quarzanteil enthalten, könnte diese Formulierung begründen. Einen Zusammenhang mit dem Handwerk der Pechbrennerei sieht er nach meinen Recherchen vordergründig scheinbar nicht. Doch dort könnte meines Erachtens der Zusammenhang gegeben sein, z. B. musste der dort verwendete Pechstein zum Auffangen des Pechs zunächst von Steinmetzen bearbeitet werden.

Wir erfuhren im 6. Kapitel, dass die Pechgewinnung auf eine Jahrtausende während Geschichte zurückblicken kann und eigentlich weltweit verbreitet war. Ob dieses Handwerk etwas mit unserer Namensentstehung zu tun hat, lässt sich nicht belegen, aber ist wahrscheinlich.

Zum Alter von „Pechstein", als Bezeichnung für den Stein zum Auffangen des Pechs, konnte ich leider nichts urkundlich Belegtes ermitteln. Den frühesten Nachweis sieht Herr Schörner aus Konradsreuth im 14. Jh.

Prof. Udolph verweist auf Sachsen als wichtiges Verbreitungsgebiet des Namens Pechstein bis in die heutige Zeit. Bei Sachsen sowie den angrenzenden Franken und Böhmen handelt es sich um sehr waldreiche Regionen, wo die Pechgewinnung nachweisbar eine große Rolle spielte.

Da viele Nachnamen sich aus Handwerken und damit verbundenen Tätigkeiten ableiten, sollte unser Name auch im Umfeld dieses Handwerks als eine Variante der Namensbildung entstanden sein.

Das schließt ein, dass auch Steinmetze und deren Bearbeitung von schwarzen Kieseln oder Steinen als Namensquelle fungierten.

In meinen Recherchen in Sachsen sind mir jedoch keine künstlerischen Steinmetzarbeiten aus schwarzem Kiesel (Gestein) aus der Periode der Nachnamensentstehung bekannt geworden; nur die Steinmetzarbeiten zur Herstellung der „Pechsteine" in der Pechsiederei.

Da nicht nur im Mittelalter die Kirchen und Herrscherhäuser wichtigste Auftraggeber für Kunstwerke waren, dazu zählen auch Steinmetzarbeiten (Bildhauer), müssten in Sachsen Figuren oder andere Ergebnisse der Steinmetzarbeiten aus diesem Material zu finden sein. Eine Recherche hierzu blieb jedoch erfolglos. Bleiben also die Pechsteine mit bereits genannten eingearbeiteten Mustern, Löchern oder Rillen.

Deshalb gehen wir wieder zurück nach Sachsen, dorthin, wo nach dem Volksmund „die schönen Mädchen an den Bäumen wachsen", aber auch die Wurzeln vieler Menschen mit Nachnamen Pechstein zu finden sind. Wir lassen uns da auch nicht von Gelehrten irritieren, die meinen, dass mit dem Lied der niedersächsische Raum um Celle gemeint ist.

Wir bleiben bei der Variante, dass der Spruch aus einem Reim von Handwerksburschen aus der Gegend um Radeberg stammt:

„Darauf so bin ich gegangen nach Sachsen,
Wo die schönen Mägdlein auf den Bäumen wachsen.
Hätt ich daran gedacht,
So hätt ich mir eins davon mitgebracht.“

Weshalb gehe ich hier darauf ein? Um darauf hinzuweisen, weshalb die Pechsteins sich in Sachsen über Jahrhunderte wohlfühlten, hier lebten und mit einem dieser hübschen Mädchen ihre Familie gründeten. Dr. Lindner, dessen Frau eine geborene Pechstein war, schreibt in seiner Chronik, die sich mit den Pechsteins aus der Region Geithain und Crimmitschau befasst, zur Häufung des Auftretens des Nachnamens „Pechstein" in Sachsen folgendes:

„Heimat der Pechsteins ist seit alters die Gegend von Geithain, Rochlitz und Grimma, und man darf mit Fug und Recht sagen, daß alle dort auftauchenden Pechsteins irgendwie in weit zurückreichendem Zusammenhang miteinander stehen.

Dabei ist nach alter Regel immer anzunehmen, daß die Stadtfamilien von den Landfamilien abstammen, nicht umgekehrt.

Der Bauer kann man sagen, hat stets für den Nachwuchs der Städte gesorgt, da der Boden des Landes zu allen Zeiten nur einen Teil der Söhne hat ernähren können.

Das gilt namentlich von Sachsen, wo in fast allen Teilen des Landes die Ortschaften so dicht beieinanderliegen wie in der Geithain-Rochlitzer Gegend. Wir können gar nicht wissen, ob nicht die Ossaer Flur mit einem alten Rittersitze als frühzeitiger Besiedlungsmittelpunkt auch Stammheimat aller Pechsteins bis nach Grimma hinunter und hinauf ins Erzgebirge war.

Vieles spricht dafür, aber ein exakter Beweis kann mangels genügenden Urkundenmaterials natürlich nicht erbracht werden. Nirgends tritt der Name Pechstein samt allen Varianten so häufig auf wie in dieser Gegend."

Lassen wir seine Meinung so stehen, berücksichtigen dabei aber, dass seine Erkenntnis aus Recherchen Anfang vorigen Jahrhunderts resultiert. Frau Nagel, eine Genealogin, die u. a. in Rochlitz forscht, fand in der Türkensteuerliste von 1501 mehrere Steuerpflichtige namens Pechstein in Rochlitz und Umgebung, die die These von Dr. Lindner zum häufigen Auftreten des Namens in dieser Region Sachsens stützen.

Die meines Erachtens plausibelste Erklärung zur Namensherkunft, fand ich in einem Aufsatz des bekannten Namensforschers, Germanisten und Pädagogen Dr. Volkmar Hellfritzsch aus Stollberg im Erzgebirge von 2006.

Auch er hält die Ableitung des Namens nach dem Mineral und die Deutung (*Silex piceus*) in diversen Lexika zu dem mittelhochdeutschen „bechstein" aus dem Versroman „Wigalois" des Wirnt von Grafenberg für nicht wahrscheinlich.

Diese Bezeichnung *Silex piceus* findet man seit dem 18. Jh. u. a. im Duden oder im Wörterbuch der Gebrüder Grimm, aber auch Goethe griff wie viele nach ihm auf diese Definition zurück.

Dies resultiert daraus, dass man diese Definition als sichere wissenschaftliche Erkenntnis akzeptierte.

Dr. Hellfritzsch schreibt: „*Der Schlüssel zu einer plausiblen Erklärung unseres Zunamens ist daher am ehesten in einem Objekt zu finden, das sich heute als Technikdenkmal wachsender Aufmerksamkeit erfreut.*

Lange Zeit unbeachtet, zweckentfremdet oder kaum noch zu erkennen, sind vor allem im Westerzgebirge, besonders häufig im Vogtland, aber auch in Nordbayern in den Wäldern, auf freier Flur oder in Dörfern sogenannte Pechsteine erhalten beziehungsweise wiederentdeckt worden."

Weiter heißt es: „*Das die Herstellung von Pech gerade im westerzgebirgischen Raum schon frühzeitig eine Rolle gespielt hat, beweist der 1350 in Zwickau bezeugte Hannus Bechrer, dessen Zuname 1330 (Kopie*

des 14. Jahrhunderts) in lateinischer Übersetzung als (Johannes) Pica-
riator und 1336 als (Johannes) Picreator erscheint".

Folgen wir weiter Dr. Hellfritzschs Gedankengang: *„Kommen wir*
aber zurück zu dem Anfang des im 13. Jahrhundert entstandenen Artus-
roman, wo geschrieben steht: ,... in der Wigalois in das Land des mit
dem Teufel im Bunde stehenden Roaz von Glois kommt.

Dort trifft er auf den zwergenhaften, aber überaus starken Karrioz,
den er tödlich verwundet. Karrioz verschwindet in einem schwarzen
qualmenden Nebel, in dem er mit seinem Pferd umkommt. Der hier inte-
ressierende Text (nach Seelbach/Seelbach, 2005: S. 152-153) lautet:

> *,Herr Wigalois sah vor sich*
> *schwarzen Nebel auf der Heide,*
> *als ob Schwefel und Harz*
> *zusammen auf der Heide*
> *verbrannt würden.*
>
> *Karrioz wollte unüberlegt*
> *durch den Nebel hindurch fliehen,*
> *doch der überzog ihn*
> *wie Harz.*
> *Seine Rüstung, die zuvor hell erstrahlte,*
> *war vollkommen schwarz;*
> *sein Roß war zu Pechstein*
> *erstarrt und steckengeblieben.*
> *Dicker als eines Menschen Hand*
> *war er selbst vom Nebel bedeckt.*
> *So fand er den zu Tode gekommenen auf.'*

Es ist offensichtlich, daß der aus dem nördlich von Nürnberg gelege-
nen Gräfenberg stammende Dichter eine Szenerie vor Augen hat, wie er
sie aus der starken Rauch entwickelnden Pechbrennerei seiner oberfrän-
kischen Heimat gut kennt. Da Silex piceus im Mittelalter von den Men-
schen kaum beachtet wurde und seine vulkanische Natur erst in der zwei-

ten Hälfte des 18. Jahrhunderts zur Diskussion stand, liegt es angesichts des gesamten Kontextes nahe, in Bechstein hier den bisher einzigen literarischen Beleg für eine steinerne Pechpfanne zu sehen, die zum Vergleich für das erstarrte Pferd dient.

Wird diese Bezeichnung akzeptiert, ... man müßte dann übersetzen: ‚sein Roß war zu einem/zum Pechstein erstarrt‘." Es ist zu bemerken, dass es im Originaltext heißt: „sin ros was als ein bechstein erstarret und bestecke". Man sieht auch hier ist das Wort Pechstein = Bechstein geschrieben.

Schließen wir uns dieser Argumentation von Dr. Hellfritzsch an, dann ist dieser Artus-Roman von Wirnt von Grafenberg (lebte Anfang des 13. Jahrhunderts in der Nähe von Nürnberg) ein Beweis, dass man das erkaltete Pech Anfang des 13. Jh. als Pechstein bezeichnete.

Dies bestätigt wiederum die Auffassung der Ortschronistin von Crottendorf, Frau Wetzel, als Ergebnis ihrer Recherchen, dass erkaltetes Pech „Pechstein" genannt wurde. Damit kann es ein Ausgangspunkt für die Entstehung des Familiennamens Pechstein gewesen sein. Man sieht auch hier wieder Übereinstimmungen der Bezeichnungen zwischen den Regionen in Sachsen und Franken.

Wir haben jetzt einige Meinungen von Wissenschaftlern und Ahnenforschern gehört. Und es ist wie im richtigen Leben: Mehrere Wissenschaftler – viele unterschiedliche Thesen; jede soll und kann die Richtige sein.

Es gibt also viele Erklärungen der Namensentstehung, wobei man derzeit nicht sagen kann, dass es eine ausschließlich gültige gibt.

Einig ist man sich darin, dass die Familiennamen sich etwa ab 12. Jahrhundert nach und nach auch in Sachsen etablierten.

Das war die Zeit, wo die gesellschaftliche Entwicklung im Zusammenleben bestimmte Normen hervorbrachte, neue Regelungen insbesondere bei Verwaltungs- und Ordnungsangelegenheiten auf die Person bezogen erforderten. Bei dem Adel oder dem wohlhabenden Bürgertum bildeten sich schon vor dem 12. Jh. Beinamen oder Nachnamen heraus.

Man wollte sich abheben von anderen sozial niedrig rangigeren Personen, aber auch das Eigentum, die gesellschaftliche Stellung und anderes festschreiben und nach außen dokumentieren..

Die Notwendigkeit von Nach- oder Beinamen ergab sich also u. a. aus Verwaltungsaufgaben. Ohne eindeutige Unterscheidungsmerkmale konnten z. B. Erb-, Eigentums- und Verwaltungsfragen nicht ordnungsgemäß entschieden werden.

Auch die wachsende Zahl der Einwohner erforderte Unterscheidungs- und Zuordnungskriterien, die die Namen oder Nachnamen bis heute gewährleisten.

Ein Name ist zumindest meiner Meinung nach angenehmer als eine Nummer, zu der in der heutigen Zeit jeder von uns immer mehr „degradiert" wird. Vor allem unangenehm dann, wenn es sich um solch einen interessanten Namen wie Pechstein oder Bechstein handelt.

Sind die dargestellten Möglichkeiten der Entstehung unseres Namens und seiner Herkunft nun ausgeschöpft? Natürlich nicht, denn auch ich habe mir vor der Recherche dazu eine eigene Meinung gebildet, die vielleicht nicht sehr wissenschaftlich begründet, aber dafür eine aus dem mittelalterlichen Leben gegriffene Variante sein könnte.

„Auch früher bei unseren sächsischen Vorfahren zu Beginn der Besiedlung war es Usus, zu bestimmten Ereignissen zu feiern. Ein Anlass fand sich wie auch heute schnell - vorausgesetzt Essen und Getränke standen ausreichend bereit.

Nehmen wir an, ein Jäger hatte ein besonders großes Stück Wild, wie z. B. einen Bären, der damals noch durch die sächsischen Wälder zog, erlegt, was für die nächste Zeit viele leckere Mahlzeiten versprach.

Es war ein schöner lauer Sommerabend und so machte man es sich an einem offenen Feuer bequem. Die alten Sachsen saßen, wie es in Abwandlung des Textes eines alten Studentenliedes heißt, ,auf Bärenhäuten und tranken immer noch eins'.

Das lodernde Feuer und die alkoholischen Getränke ließen keine Kälte spüren. Man hatte genug zu essen und zu trinken, Frauen und Mädchen vervollständigten die bestimmt ausgelassene Runde, und so hielt man unterschiedlich lange durch.

Nach der Feier hatte jeder mit sich zu tun, sodass man einen Trinkkumpan vergaß. So schaffte es einer der Feiernden nach der Zecherei wahrscheinlich nicht zurück in seine Behausung und wachte erst am frühen Morgen neben den nur noch leicht glimmenden verkohlten Holzscheiten bestimmt mit ‚brummenden Schädel' auf.

Wahrscheinlich hatte er einen unruhigen Schlaf, wälzte sich auf der Erde am Feuer hin und her. Reste des aus dem Holz tropfenden Harzes, im weitesten Sinne Pech, Asche und Ruß setzten sich auf seiner Kleidung und dem Körper fest.

Er muss in einem schlimmen Zustand von seinen Nachbarn aufgefunden worden sein. Da er grau und schwarz nicht nur im Gesicht aussah, sondern auch seine Kleidung, sagte einer: ‚Schaut mal, der sieht aus wie Pechstein!' Die Schadenfreude der anderen war ihm sicher.

So wurden er und seine Familie fortan Pechstein genannt und man konnte ihn und seine Familie von den Mitbewohnern unterscheiden, was insbesondere für die Steuereintreiber ein wichtiger Fakt war."

Wie gefällt Ihnen, lieber Leser, diese Variante?

Doch nun lassen wir wieder diejenigen zu Wort kommen, die sich wissenschaftlich mit dieser Thematik befasst haben und kommen zurück zur Problematik Ersterwähnung der Nachnamen.

Für die Region um Geithain/Sa., wo der Ursprung unseres Familienzweiges nachgewiesen ist, schreibt der Historiker Dr. phil. Reuter in seiner Geithainer Chronik: *„Es fällt auf, dass der Pfarrer Heinrich zu dieser Zeit noch keinen Familiennamen besitzt. Die in der Urkunde von 1257 (s. d.) genannten Zusätze zu den Vornamen sind entweder Herkunftsbezeichnungen oder Beinamen zur Unterscheidung der Einwohner voneinander."* Diese Einschätzung galt insbesondere für die „normalen Bürger" und ist abhängig von der Region oder den Orten.

Nach neuer Recherche konnte er jedoch nachweisen, dass in dieser Urkunde schon einige Namen, wie wir sie heute kennen, aufgeführt sind:

z. B. Hermann Graue, Thiederich Pilo, Conradt Schulthes, Helwig Schmiedt. Demnach wird in Geithain die Einführung der Familiennamen vor dem Jahre 1257 erfolgt sein.

Noch für die Zeit um 1319 schreibt Dr. Reuter weiter: *„Aus der Herkunftsbezeichnung entnehmen wir, dass auch jetzt der Familienname noch nicht überall eingeführt worden ist."*

Dies folgert er daraus, dass ein Ratmann aus Altenburg „Andreas von Giten" genannt wird. Giten steht für Geithain. Man ergänzte also den Vornamen mit dem Namen des Herkunftsortes. Daraus ist zu schließen, dass der Ratmann noch keinen Nachnamen besaß.

Erst 1357 findet der Chronist in einer Liste der Abgaben der Stadt Geithain vielfach Bürger mit Familiennamen. Die Herausbildung der Familiennamen war also ein fließender Prozess über einen langen Zeitraum. Im Raum Geithain scheinbar erst relativ spät im 14. Jahrhundert, aber auch in anderen Regionen war es ähnlich.

Dies bestätigt sich, wenn man sich die Namen in den Matrikellisten der Universität Leipzig ansieht. Anfang des 15. Jh. sind immer noch viele Namen enthalten, die aus dem Vornamen und dem Herkunftsort bestehen. Hier einige Beispiele: Jacobus de Halle, Nicolaus de Leisnicz und Ulricus de Awerbach.

Diese Aussagen waren der Grund dafür, mich ein wenig mit der Besiedlung des heutigen Westsachsen zu befassen.

Dabei musste ich feststellen, dass viele von Genealogen erforschte Familienzweige namens Pechstein, wie Dr. Lindner es schon beschrieb und Prof. Udolph bestätigte, in einem relativ kleinen zusammenhängenden Territorium im heutigen Westsachsen und Oberfranken auftreten.

Sieht man sich die Ersterwähnungen dieser Orte und die Besiedlung an, so stellt man fest, dass die Gründungsurkunden z. B. von Lunzenau, Neustädtel, Narsdorf, Niedergräfenhain, Oberpickenhain, und Zschorlau die Dörfer erst im 13. und 14. Jahrhundert erwähnen. Seifersdorf wurde weist mit 1208 eine sehr frühe Erwähnng auf. Albernau besteht sogar erst seit dem 16. Jh.. Meist sollen Franken und Thüringer die ersten Siedler gewesen sein, aber die Chronisten von Niedergräfenhain sprechen auch von rheinfränkischer Besiedlung. Andererseits kann man schon den Ortsnamen Hinweise zur Herkunft der ersten Siedler entnehmen wie bei Ober- und Unterfrankenhain, wo auch Pechsteins zu Hause waren.

Dabei sollte man aber berücksichtigen, dass in dem Gebiet früher schon Bewohner slawischer Herkunft, u. a. Sorben, lebten, wenn vielleicht auch noch keine Ortsgründung erfolgte bzw. in Urkunden die Besiedlungen nicht nachzuweisen sind.

Pastor Wagner aus Geithain weist in seinen heimatgeschichtlichen Schriften darauf hin, dass es im damaligen Königlichen Mineralogischen Museums in Dresden Fundstücke gab (vielleicht auch heute noch gibt), die auf eine Besiedlung der Geithainer Gegend bis etwa 800 vor Chr. deutet.

Weiter schreibt er in einer Abhandlung von 1910: „*Frühestens um das Jahr 600 nach Chr. entstand an der Stelle des heutigen Altdorfs die sorbische Ansiedlung Chiten.*" Weshalb spreche ich hier davon?

Bisher ging ich davon aus, dass sich der Name Pechstein für die von uns zu betrachtenden sächsischen Familien Pechstein im heutigen Sachsen herausbildete, in allen seinen verschiedenen Versionen, die wir in den Akten fanden und die Dr. Lindner z. B. in seiner Chronik nach seinen Funden in Kirchen-, Gerichtsbüchern und anderen Akten aufführte.

Auch Prof. Udolph wies darauf hin, dass Pechstein eine Ableitung von Bechstein sein könnte. Bechstein war zu recht früher Zeit sehr verbreitet in Thüringen und Süddeutschland. Ich erinnere – in Mainz um 1216.

Doch wie ich in Österreich fand, gab es den Namen Pechstein schon vor den Ersterwähnungen mit dem „weichen B". Deshalb zweifle ich an der These, dass Pechstein eine Ableitung von Bechstein ist.

Kommen wir zurück zur Besiedlung. Louis Petermann schrieb 1926, dass mit Gründung der Mark Meißen durch König Heinrich I. der Weg für die Franken und Thüringer frei wurde, um sich hier anzusiedeln. Damit änderte sich nach dem 10. Jh. die Bevölkerungsstruktur hinsichtlich der Herkunft. Deshalb möchte ich als Ergänzung zu den bisherigen Varianten der Namensentstehung Pechstein in Westsachsen auf die Möglichkeit verweisen, dass diese zuwandernden Siedler in den Jahrhunderten der Namensbildung den Nachnamen mit in die neue Heimat brachten.

Entweder man führte diesen Familiennamen schon in der alten Heimat oder man erinnerte sich an diesen Namen, auch wenn er eine Bezeichnung für andere Dinge war, als die Notwendigkeit der Annahme eines Familiennamens sich in der neuen Heimat ergab.

Bestätigend für eine solche Variante sind die zeitigen Vorkommen des Namens oder seiner Variationen in der ursprünglichen Heimat von Zuwanderern; aber auch das Fehlen von Ersterwähnungen des Nachnamen Pechstein im 12. bis Mitte des 14. Jh. im heutigen Gebiet Westsachsens. Ich vergesse dabei nicht die Nennung des Namens in Meißen und Zwickau im 14. Jh.

Diese Annahme wird gestützt durch die Ersterwähnung des Nachnamens Pechstein 1281 in Goslar. Ich erwähnte es bereits. Goslar, zum damaligen Zeitpunkt eine Hochburg des Bergbaus, musste im 12. Jh. einen herben Rückschlag hinnehmen, denn 1166 ließ Heinrich der Löwe Bergwerke und Schmelzhütten zerstören.

Zu gleicher Zeit, 1168, sprachen sich die ersten Funde von Silbererzen im heutigen Freiberger Raum auch im Harz herum.

Diese Nachrichten veranlassten viele Bewohner, Bauern, Bergarbeiter und Kaufleute der Goslarer Region, die Heimat zu verlassen und in den nächsten Jahrzehnten nach Sachsen zu gehen.

Diese Aussage entspricht den Meinungen in vielen Chroniken westsächsischer Orte, die ab Mitte des 12. Jahrhunderts die erste Besiedlung ihrer Orte durch Bauern aus dem Main-Franken-Raum sehen.

So heißt es u. a.: „*Das Jahr 1168 ging deshalb als einschneidendes Datum in die Geschichte des Erzgebirges ein. In diesen Jahr kamen die ersten Funde von Silbererz innerhalb der Waldhufenflur von Christiansdorf, dem späteren Freiberg, ans Tageslicht. Und auf das große ‚Bergeschrey‘ hin zog es wieder viele Menschen, zunächst aus der Gegend um*

Goslar am Harz, in diese reiche Region. Vorher war das Erzgebirge ein einziger ,Miriquidi', ein großer dunkler Wald, dem erst die Silberfunde seinen Namen gaben. "

Günther schreibt 1924 in seiner „Monographie der Harzgeschichte" u.a. zur Ähnlichkeit des Dialektes der Bewohner des Oberharzes und Westerzgebirges: *„Bei weiterer Vergleich zeigt sich die völlige Übereinstimmung des Oberharzischen gerade mit der Mundart des westlichen Erzgebirges (der sächsischen Städte Schneeberg, Annaberg und der böhmischen Stadt Joachimstal im Böhmischen). "*

Er führt dies einerseits auf die Zuwanderung der Franken in das Erzgebirge um 1168 und andererseits auf die später (1530-1535) einsetzende Rückwanderung zurück.

Da es sich nicht um einzelne Zuwanderungen im 12. und nachfolgenden Jahrhunderten handelte, kann man davon ausgehen, dass die Personen auch Nachnamen mitbrachten bzw. bei der Annahme von Nachnamen auf bekannte Namen der alten Heimat zurückgegriffen wurde.

Da es nachweislich im 13. Jh. in Goslar den Namen Pechstein gab, ist es durchaus möglich, dass dieser auch in Sachsen von Zuwanderern angenommen wurde. Es ist aber auch durchaus denkbar, dass ein Familienangehöriger aus der Familie Pechstein der Goslaer Krämergilde sein Glück in Sachsen versuchte.

Eine weitere These, dass unsere sächsischen Vorfahren die Namen u. a. von Zuwanderern aus dem süddeutschen Raum erhielten bzw. entlehnten und für sich annahmen, wird dadurch bestärkt, dass die Zuweisung bzw. Annahme von Familiennamen wie eine Mode von Italien über Süddeutschland in die nördlichen Regionen Deutschlands erfolgte.

Ich erwähnte es schon. Ausgangspunkt war Venedig im 9. Jh. *„Sie* (Hinweis: die Nachnamen) *verbreiten sich dann im 10. Jh. in Norditalien und Südfrankreich, im 11. Jh. in Katalonien und Nordfrankreich (von hier aus im 12. Jh. in England) und der roman. Schweiz und seit dem 12. Jh. in west- und südd. Städten. "* Weiter heißt es bei K. Kunze im dtv-Namenatlas: *„Natürlich verlaufen solche Entwicklungen nicht einsträn-*

gig. ... Unterschiedlich verläuft der Prozess auch in großen und kleinen Städten oder gar auf dem Lande. ... Auch die sozialen Gruppen verhalten sich unterschiedlich. Vorreiter ist seit dem 10. Jh. der Adel, es folgen Ministerialien, Patrizier, Kleinbürger, Bauern."

Kommen wir nochmals zurück in die Umgebung von Rochlitz und Geithain. Stefan Guzy fand in seiner genealogischen Arbeit die Abschrift des Geburtsbriefes eines Bastian Pechstein aus Obergräfenhain.

Man soll es nicht glauben, er entdeckte die Urkunde im Landesarchiv Troppau, Stadtarchiv Jägerndorf, im Altvatergebirge. Dieser Bastian war bereits nach Erkenntnissen von Stefan Guzy vor 1538 dort und übte die Tätigkeit eines Töpfers aus.

Auch ermittelte er eindeutig, dass Bastian bereits 1538 das Bürgerrecht von Jägerndorf verliehen bekommen hat, jedoch mit dem Namen „Bastian Baschtain".

Da der Geburtsschein 1536 angefordert bzw. ausgestellt wurde, ist anzunehmen, dass Bastian bereits einige Jahre zuvor in Jägerndorf zuwanderte. Seine Geburt ist somit um 1515 anzunehmen.

Dieses Beispiel zeigt, dass ein Obergräfenhainer Bürger namens Pechstein sich im 16.Jh. in Böhmen niederließ. Den Namen Pechstein nahm er mit und führte ihn vielleicht dort ein.

Eine weitere Namensnennung findet sich 1550 in den Unterlagen des Genealogen Arno Lange in Wickershain. Er führt im Jahre 1551 Caspar Bechten (in anderen Erwähnungen auch Pechstein) auf, der ein Gut von Gregor Berger „ertauschte".

Er hatte zwei Söhne, wovon einer einen Vormund Jacob Pechstein aus Obergräfenhain hatte. Dies deutet auf eine familiäre Bindung der beiden Familien hin.

Diese beiden Beispiele zeigen, dass der Name in der Region in verschiedenen Schreibformen und in mehreren Orten sehr zeitig vorkam.

Die Eltern des Bastian von Jägerndorf (Tschechisch Krnov) waren ein Urban Pechstein mit seiner Ehefrau Catharina aus Obergräfenhain. Andererseits zeigt es aber auch, dass man es damals mit der Namensschreibweise nicht so genau nahm. Dies resultierte oft daraus, dass manches nicht lesbar war oder von der Aussprache anders verstanden und in Schrift umgesetzt wurde.

Ob die Geithainer und Obergräfenhainer mit den Oberpickenhainern, Rochlitzern oder in den anderen umliegenden Orten lebenden Familien Pechstein Verwandtschaftsbeziehungen Anfang des 16. Jh. hatten, ist bisher nicht exakt nachzuweisen, aber wahrscheinlich (vorhandene Kirchenbücher beginnen in Obergräfenhain erst um 1600).

Zur Schreibweise hier meine bestimmt nicht vollständige Sammlung von Namenvarianten (ungeordnet) aus dem Kirchenbuch Ossa: Peschten. Pechstein, Pechten, Peschtten, Peschtin, Peschtein, Peskin, Beschten, Bechstein, Beckstein, Pestin. In Kirchenbüchern anderer Orte, in Dokumenten usw. wird man weitere Schreibweisen wie z. B. Bachstein und Peckenstein (lt. Dr. Lindner) finden.

Die zukünftige Forschung und fortschreitende Erschließung von Akten in den Archiven wird vielleicht mehr Licht ins Dunkel unserer Namensentwicklung bringen. Es ist wahrscheinlich, dass noch frühere Ersterwähnungen in bisher unbearbeiteten Akten oder unveröffentlichten Forschungsergebnissen zutage treten.

Hoffen wir auf die Hilfe der Ortschronisten und Hobby-Genealogen wie Frau Jülich und Frau Nagel und deren akribische „Durchforstung alter Akten" u. a. im sächsischen Raum.

Da durch den engen Zusammenhang zwischen Ersterwähnung und Namensentstehung ich beides bisher nicht klar trennen konnte, möchte ich jetzt nochmals die Ersterwähnungen des Nachnamen Pechstein/Bechstein zusammenfassen:

1188, Marchwardus Pechstein, St. Pölten, Zeuge bei Entscheid des Bischofs Diephold von Passau

1215, Heinricus Pechstein, Urkunde Ranshoven

1216, Dithericus Bechstein, Abtei Ebersbach bei Mainz, in „Verzichtsbriefe auf den Hof Haseloch und dessen Vogtei zum Vortheil des Klosters Eberbach"

1277, „Hof Pechstain", Obermais Südtirol

1281, Johannes und Conrad Pechstein, Goslar, Urkunde zur Krämergilde

1285, „Weingarten Pechstain", Baden bei Wien

1351, Ticzko (Dietrich) Pechstein, Vicar der Domkirche zu Meißen

1361, Cunrat Bechstein, Bauer und Weingärtner in Gelbingen, Schwäbisch-Hall in Württemberg,

8. Bedeutende und bekannte Personen mit Nachnamen Pechstein und Bechstein

Es ist zwar immer eine Gratwanderung auf die man sich bei einem solchen Versuch begibt, aber ich will es wagen einige Personen mit dem Nachnamen Pechstein oder Bechstein hier aufzuführen, die in der Vergangenheit und auch in der Neuzeit unseren Familiennamen bekannt gemacht haben.

Natürlich bringt das Medienzeitalter im Gegensatz zu früher schnell Personen in das Rampenlicht des öffentlichen Interesses. Doch ebenso schnell rutscht man in die Bedeutungslosigkeit, es sei denn, man hat Leistungen vollbracht, die zumindest Jahrzehnte überdauern.

Einige haben wir schon kennengelernt, denn das sind die Personen Pechstein, die zuerst in den Urkunden oder Akten von Historikern, Genealogen, Onomastikern und Chronisten gefunden wurden. So kamen sie in die Chroniken und Namenbücher und werden viele Generationen überdauern.

Andere haben durch ihre individuellen Leistungen, Fähigkeiten und Begabungen über Deutschland hinaus auf sich aufmerksam gemacht.

Oder diverse Produkte unternehmerischer Tätigkeit tragen den Namen in die Welt. Diese stehen bei der „Google-Suche" meist an vorderer Stelle.

Beginnen wir zunächst mit Personen, die bis etwa Ende des 19. Jh. in Erscheinung traten. Da müssen wir zunächst den im Kapitel zuvor genannten Ticzko bzw. Dietrich Pechstein, Vikar der Domkirche zu Meißen, nennen. Seine Tätigkeit war von überregionaler Bedeutung, da er bei Rechtsstreitigkeiten eine Art Richterfunktion in der Kirche ausübte.

In einer Urkunde von 23. Juni 1381 wird er als „Executator der Provinzialbeschlüsse der Magdeburger Synode" bezeichnet und schlichtet einen Streit in Göda bei Bautzen. Den Sachverhalt dazu finden Sie im Kapitel 9.

Des weiteren führe ich zunächst einige der von Dr. Lindner in Immatrikulationslisten gefundenen Studenten auf, da diese Personen nach dem Studium meist gute Positionen in der Gesellschaft ausübten.

„Steffanus Pechsteyn de Rochelitcz, d. h., aus Rochlitz, geboren um 1485, immatrikuliert im Sommersemester 1501 an der Universität Leipzig, wurde daselbst Baccalaureus im Sommer 1503. Ein Bruder oder Vetter: Valentinus Pechsteyn de Rochlitz immatrikuliert im Sommersemester 1511 an der Universität Leipzig.

Lorenz Pechstein, auch Peckenstein, Peccenstein, Beckenstein Peckstein oder Beckstein, ein bekannter kursächsischer Historiograph, dessen größtes Werk das ‚Theatrum Saxoniae', ... war am 29. Aug. 1549 in Grimma als ältester Sohn des vierten Verwalters der Fürstenschule zu Grimma, Blasius Peckenstein, geboren, besuchte die dortige Fürstenschule, wurde im Sommersemester 1564 als Laurentius Beckenstein zusammen mit seinen jüngeren Bruder Petrus Beckenstein an der Universität Leipzig immatrikuliert, war dann kurfürstlicher Amtsschösser (Anm.: = Steuereintreiber) *zu Schlieben und erhielt lt. Urkunde im sächs. Hauptstaatsarchiv im Jahre 1572 seine Bestallung zum Amtsschösser zu Sayda im Erzgebirge. Gestorben sei er nach 1618 als bestallter kursächsischer Historiograph, vielleicht in Altenburg.*

Georg Pechstein de Fahrenstadensis, d. h. aus Farnstedt bei Querfurt, wurde im Sommersemester 1565 an der Universität Leipzig immatrikuliert.

Matthäus Pechsteyn de Lembergk, d. h. aus Löwenberg in Schlesien, im Wintersemester 1520 an der Universität Leipzig immatrikuliert, wurde daselbst Baccalaureus im Wintersemester 1521. Dies gibt auch einen Einblick zur territorialen Herkunft der Studenten. "

Donat Pechstein, ursprünglich ein Schneider, wurde im Jahre 1567 als erster ordentlich(er) Schulmeister und Kirchner zu Zschorlau im Erzgeb. angestellt und starb als solcher am 24. Oktober 1599. "

Eine Aufstellung der Ahnenlinie finden Sie im Kapitel 10, Abschnitt 3. Eine Episode im Kapitel 9.

Dr. Linder verwies auch auf Oswald Bechstein aus Crimmitschau (Krimnitzesis), der die Gymnasien in Zwickau und Freiberg besuchte. Es folgte 1561 die Immatrikulation an der Universität in Leipzig, dem eineinhalb Jahre Studium in Wittenberg folgte. Dieser erscheint 1567 als Diakon der Martinskirche in Neukirchen bei Werdau. Danach wird er ab 1570 als Pfarrer in Poserna bei Weißenfels im Pfarrerbuch erwähnt, wo er 1607 starb. Eine Schwester Barbara wurde die Frau von Simon Löscher, Bürgermeister in Crimmitschau und gebar 12 Kinder.

Nicht vergessen wollen wir Gottlob August Pechstein aus meinem Familienzweig, Sohn des Roßhändlers Johann Gottfried Pechstein vom Neumarkt in Wickershain/Geithain. Ihm und seinen Nachfahren, dazu gehört unsere Familie, ist ein Wappen gewidmet.

Seine Mutter war eine geborene Gutbier, deren Ahnen einer bekannten großbürgerlichen Familie entstammen. Herkunftsmäßig ist die Familie Gutbier in Langensalza in Thüringen einzuordnen. Interessant ist die Chronik dieser Familie, die auf Aufzeichnungen und Sammlungen des Advocat Ludwig Theodor Gutbier aus Dresden beruht.

Gottlob August Pechstein studierte in Leipzig und erhielt 1833 die erste Mädchenlehrerstelle in Crimmitschau. Gleichzeitig übte er die

Funktion eines Kirchners aus. Er schrieb 1851 ein Buch mit dem Titel „Methodisch geordnete Geographie von Sachsen nebst einer Einleitung für Sachsens Volksschulen und ihre Lehrer".

Aus dieser Auflistung erkennt man nicht nur, dass die Schreibweisen der Namen sich oft änderten, sondern das die territoriale Herkunft doch recht breit gestreut ist.

Wir wollen die Auflistung dabei bewenden lassen und uns in das 19. und 20. Jahrhundert begeben.

Als bedeutender Maler des Expressionismus ist weltweit der 1881 in Zwickau geborene Max Hermann Pechstein bekannt.

Er erlernte den Beruf eines Dekorationsmalers und besuchte zunächst die Kunstgewerbeschule in Dresden. Das anschließende Studium an der Akademie der Künste in Dresden beendete er mit der höchsten Auszeichnung, dem Sächsischen Staatspreis, auch als Rompreis bezeichnet.

Der Besuch einer van Gogh-Ausstellung und die Begegnungen mit den Malern Erich Heckel und Hans Ludwig Kirchner, dem der Beitritt in die Künstlergruppe „Die Brücke" folgte, sollten sein weiteres künstlerisches Schaffen beeinflussen.

Italienaufenthalte, eine Reise in die Südsee und der Umzug nach Berlin prägten sein weiteres künstlerisches Schaffen. Seine Berufungen in die Preußische Akademie der Künste 1922 und als Professor sind eine erste Anerkennung seiner künstlerischen Leistungen. In der Nazizeit sieht er sich Diskriminierungen ausgesetzt. Seine Werke wurden zur entarteten Kunst erklärt, aus Museen und Galerien entfernt. Er verliert seinen Sitz in der Akademie der Künste.

Erst nach dem Krieg findet Max Pechstein wieder die verdiente Anerkennung in seinem Heimatland durch zahlreiche Auszeichnungen. Er wurde u.a. Ehrenbürger der Stadt Zwickau.

Beginnend unter dem Direktor der Kunstsammlungen Zwickau, H. Gurlitt, erfolgte in den letzten Jahrzehnten die Fokussierung des Ausstellungsschwerpunktes in den Gemäldesammlungen auf den Sohn der Stadt, Max Hermann Pechstein.

Weithin bekannt sind auch die thüringer Vertreter des weichen B im Nachnamen, der Begründer (1853) der weltbekannten Pianoforte-Fabrik AG, Carl Bechstein aus Gotha, sowie der Schriftsteller Ludwig Bechstein, geboren in Altenburg, bekannt insbesondere durch seine Märchenbücher.

Bedeutend auch sein Onkel und Adoptivvater Johann Matthäus Bechstein, ein bedeutender Forstwissenschaftler, Naturforscher und Ornithologe, ab 1800 Direktor der Forstakademie Dreißigacker bei Meiningen. Nach ihm sind die Bechstein-Drossel und Bechstein-Fledermaus benannt. Ludwig und Johann Matthäus waren beide Mitglied in Freimaurerlogen.

Eine Aufstellung der Ahnenlinien dieser thüringer Bechstein-Familienzweige finden man im Kapitel 10, Abschnitt 4.

Auf dem Gebiet des Sports tauchte der Name Pechstein in den letzten fünf Jahrzehnten vielfach in den Medien auf. Zuerst schrieb die Schwimmerin Heidi Pechstein aus Halle Geschichte. Sie gewann in der ersten gemeinsamen deutschen Olympiamannschaft 1960 in der 4x100m Freistilstaffel Bronze. Als Europameisterin und mit Meistertiteln in der Staffel, aber auch in Einzeldisziplinen, schrieb sie Schwimmgeschichte.

Mehrere Jahrzehnte findet man als eine der bekanntesten Sportlerinnen Claudia Pechstein in den Schlagzeilen der Medien. In Berlin geboren, gewann sie schon als Kind Rennen im Eisschnelllauf in ihrer Altersgruppe. Die sportliche Entwicklung verlief gradlinig von Erfolg zu Erfolg: 1988 Vize-Juniorenweltmeisterin im Mehrkampf, 1991 zwei Silbermedaillen bei den ersten gesamtdeutschen Meisterschaften.

Im Jahre 1994 war der Bann gebrochen und bei den Olympischen Spielen in Lillehammer gewann sie die erste Goldmedaille.

Heute kann Claudia Pechstein auf eine beeindruckende Laufbahn zurückblicken, die trotz ihres Alters noch nicht beendet ist:

5x Teilnahme an Olympischen Winterspielen (5 x Gold, 2 x Silber, 2 x Bronze), bei elf Mehrkampfweltmeisterschaften gewann sie 1 x Gold, 8 x Silber, 2 x Bronze. Bei der Teilnahme an 13 Weltmeisterschaften in den Einzeldisziplinen gewann sie 5 x Gold, 12 x Silber und 9 x Bronze.

Auf eine weitere Aufzählung der Erfolge soll verzichtet werden, da schon diese Ergebnisse zeigen, dass sie eine Ausnahmeathletin ist.

Durch Fleiß und einen enormen Ehrgeiz, der auch nicht durch die jahrelange Dopingdiskussion und eine damit zusammenhängende zweifelhafte Wettkampfsperre gebrochen werden konnte, ist sie noch heute auf dem Eisoval eine gefürchtete Konkurrentin.

Erst die Zukunft wird vielleicht klären, was wirklich vorgefallen ist. Mehrere Bücher zu diesem Skandal aus Sicht der Sportlerin und eine Biografie vermitteln den Lesern, wie der Sport das Leben von Claudia Pechstein geprägt, sie durch Höhen und Tiefen menschlichen Glücks und Leidens gehen ließ.

Eine außergewöhnliche sportliche Leistung vollbrachte Klaus Pechstein, Silberschmied und Hobbyschwimmer, aus Linz im Jahre 1969, als er den Rhein in 30 Tagen flussabwärts schwamm.

Die Rhein-Zeitung schrieb zu den Erinnerungen des Schwimmers: *„Die Bewegung läuft automatisch ab, ohne dass der Kopf in Anspruch genommen wird. Der Magen revoltiert gegen das industrieverschmutzte Wasser, 18 Pfund Gewicht verliert Pechstein an den Rhein, zieht sich Narben an den Schultern zu, immer noch zu sehen.“*

Bei Spiegel-online erfährt man Näheres: *„Pechsteins Rhein-Marathon wurde 1969 aufmerksam von den Medien begleitet. Nach seinen Angaben legte er schwimmend in 30 Tagesetappen eine Strecke von 1224 Kilometern von Ilanz im Schweizer Kanton Graubünden bis zur Rheinmündung bei Hoek van Holland zurück.*

Eine amtliche Bestätigung erfolgte damals aber nicht. ‚Daran hatte niemand gedacht‘, sagte der Linzer. ‚Es war doch jeden Tag die Presse dabei.‘

Die niederländische Boulevard-Zeitung "De Telegraaf" äußerte später Zweifel an einigen Zeit- und Streckenangaben. ‚Wir konnten das ausräumen, aber die Redaktion hat den Artikel trotzdem nicht berichtigt.‘

Bei Pechsteins Eintreffen in Hoek van Holland hatten ihm Hunderte zugejubelt - unter ihnen der Bürgermeister seiner Heimatstadt“.

Viele haben versucht diese Leistung zu wiederholen; doch keiner hat es nochmals geschafft. Auch er wollte 1983 ein da capo. Er musste aufgeben. Zuletzt 2012 hat der Schweizer Ernst Bromeis diesen Versuch gestartet, musste aber enttäuscht kapitulieren. Die Kräfte des Wassers von Vater Rhein waren stärker.

Zum Schluss noch zwei Beispiele aus der Wirtschaft. Im sächsischen Wurzen gab es die bekannte Maschinenfabrik von Arthur Pechstein, die u.a. auch landwirtschaftliche Maschinen wie Strohpressen produzierte.

Oder die Elektromotorenwerke des Karl Pechstein in Crimmitschau/Sa., deren Inhaber ein Nachfahre des Crimmitschauer Schuldirektors und Kirchners Gottlob August Pechstein, Sohn des Roßhändlers aus Geithain, war.

9. Historische Anekdoten

Immer wieder findet man in der Literatur, amtlichen Urkunden oder Kirchenbüchern Eintragungen über nicht übliche Ereignisse, die auch Personen mit unserem Nachnamen betreffen.

So berichtet Friedrich Bode in seiner „Chronik der Stadt Rochlitz und Umgegend" über eine gruselige Schandtat: *„Im Jahre 1624 verabredete eine Frau in Obergräfenhain, die schon 2 Jahre lang mit einem gewissen*

Peter Aurich (richtiger Name: Auerbach) *Ehebruch getrieben hatte, ihren Mann Peter Pechstein heimlich zu morden und sich dann zu verheirathen.*

Dengmäß kam Aurich am 17. März Abends mit einer von der Pechstein erhaltenen Axt in die Kammer Pechstein's, und brachte ihm 4 Schläge auf die Brust bei, wodurch derselbe getödtet wurde.

Darauf trugen Aurich (richtig: Auerbach) und die Pechstein ihn vollständig angekleidet aus dem Hause, und legten ihn entfernt vom Dorfe auf die Landstraße. Das Verbrechen wurde indessen entdeckt, der Mörder floh, die Pechstein aber wurde hier bei der Brücke in der Mulde ertränkt".

Wie Frau Jülich recherchiert hat, wurde so der Peter Pechstein nur 29 Jahre alt. Seine Frau Christine, die mit dem Auerbach ihm das Leben nahm, war 1620 noch Pate in der Nachbarschaft. Die Kinder scheinen von Verwandten aufgezogen worden zu sein. In Obergräfenhain fand sie in späteren Jahren keine Erwähnung zu den Kindern mehr, die nunmehr als Waisen und mit dieser Erinnerung das Leben meistern mussten.

Regelmäßig wird man beim Lesen alter Texte mit schlimmen Ereignissen konfrontiert, die auch zu Herzen gehen.

So auch der Bericht in der Chronik von Zschorlau zu der Familie des bereits genannten Donat Pechstein. Er war der erste namentlich bekannte Kirchner und Schulmeister im Ort und hinterließ für die Ahnenforscher eine weit verzweigte Familie. Auch der Maler Max Pechstein soll ein Nachfahre dieser Familie sein, die heute auch mit Nachfahren in den USA zu finden ist.

Woher Donat gekommen ist, weiß man nicht. Zu vermuten ist, aus einem der umliegenden Orte wie Schwarzenberg oder Schneeberg, doch dem steht der für die Gegend ungewöhnliche Vorname entgegen.

H. Schramm schreibt in seinem Buch „Zschorlau und seine Schule": *„Am 26.2.1569 mittags, wo es geschneit hatte, der Kirchner Donat Pechstein sein Weib Barbara, die gebären sollte, in die Kirche geschickt, um den Schnee abzuräumen. Sie geht über den Kirchboden und fällt mit 4 Brettern, die von unten angenagelt waren, herab vor Valentin Gläsers Stuhl und bleibt tot. Er geht bald nach um zu helfen und findet sie tot vorm Altar liegen."*

Im Jahre 1700 hat die Stadt Geithain eine Feuersbrunst verwüstet, die eine Frau Pechstein durch wenig sorgsamen Umgang mit Feuer bei der Hausarbeit ausgelöst haben soll.

Frau Jülich fand im Gerichtsbuch Geithain, Nr. 43, Fol. 40, dazu folgenden Eintrag: *„Gott sey unser Trost! Am 10. Septbr: 1700 Vormittage umb 9. Uhr ist in der Niederstadt in Elias PECHSTEINS Sen: Huffschmidts Behaußung eine Feuersbrunst entstanden, wodurch binnen 3. Stunden die gantze Stadt nebst dem Rathhauße, Catharinen=Kirche, Ober Brau= und OberThorhauß jämmerl: in die Asche gelegt worden, daß also von der gantzen Stadt mehr nicht als die untere Kirche, Geistl: und Schulbedienten Gebäude nebst 7 kleinen Bürger Häußergen stehen blieben. Gott ersetze diesen Schaden und sey ferner gnädig umb Christi Willen!*

Abraham Scheubner p.t. Stadtschreiber in Geithayn, 10.09.1700 "

Weiter heißt es dazu in der Chronik der Stadt Geithain von Dr. Reuter: *„Insgesamt sind 210 Häuser und 246 Grundstücke in der Altstadt eingeäschert worden. Ausgegangen ist das Feuer im Hof von Pechstein, der heutigen Leipziger Str. 42, und lief dann über die Nikolaistraße bis in die Oberstadt. "*

Die Berichte sind aber oft auch ein Spiegelbild der jeweiligen Zeit mit für uns nicht nachvollziehbaren Anschauungen. So schreibt Dr. Reuter in seiner „Chronik der Stadt Geithain" über diesen Stadtbrand:

„Aus der Zeugenbefragung wird auch der Aberglaube der Bevölkerung an Hexen deutlich, denn die beschuldigte Ehefrau des Hufschmieds Elias Pechstein sagt dazu selbst folgendes aus, was der Stadtschreiber in der 3. Person niedergeschrieben hat.

‚Hierauff fängt sie an zu klagen, es wäre Gott zu erbarmen, was sie diese Zeit von den Leuten ausstehen müße, einer sagete, sie hätte den Drachen, der hätte dieses Feuer angestecket, und ihre Mutter habe auch den Drachen gehabt. '

Ein anderer Zeuge sagt aus: ,Dem lieben Gott sey am besten bekandt, ob nicht das Weib Pechsteinin, welche bey denen Leuthen in der Statt und auffn Lande wegen des so genannten Drachens in ziemlichen Verdacht ist. "

Anders gesagt, der Glaube an Hexen (=Drachen, auch Teufel) war zu dieser Zeit allgegenwärtig und jede Gelegenheit wurde genutzt, um den bereits vorhandenen Verdacht zu nähren.

Da half auch nicht, dass jeder damals sorglos mit offenen Feuer umging und die Brände oft aus Leichtsinn entstanden. Es ist verständlich, dass die Familie das Haus nicht wieder errichtete und an anderer Stelle siedelte. Später zog die Familie nach Ammelshain bei Brandis.

Immer wieder suchten Seuchen und Kriege die Familien heim und zerstörten diese, oft bis zu deren Vernichtung. Erschütternd noch heute für den Leser der Kirchenbücher die Eintragungen zu solchen Schicksalen.

Aber auch bei den Geburten gab es immer wieder traurige Vorkommnisse. So trug der Pfarrer im Januar 1688 in etwa folgendes ins Kirchenbuch ein: "*Christina, Christian Peskins weib zu Oberpicken, gebar 2 Kinder, und in 8 tagen drauff kriegte sie schwermüthige Gedanken,den(n) die Kinder auch mußten von ihr gethan werden, das trieb sie 8 Tage, biß den 4. Jan. da starb sie in ein tieffen schlaffe., und fing das (dies?) neue Jahr wieder eine 6 wöchne(rin?) an, und ward den 6. Jan: als den tag Trium: Regum in sehr großer volckreicher Versammlung consortis (lat. gemeinsam) Ceremonus begraben.*"

Es war die erste Geburt nach ihrer Heirat 1686. Die Zwillinge starben beide.

1872 berichtet die Beilage „Feierabend" zur „Straubinger Zeitung" über eine Mitteilung in den „Dresdner Nachrichten" über ein außergewöhnliches Ereignis in Ossa bei Geithain. Eine der Hauptpersonen in

dieser „Humoreske" spielt der Gastwirt Oskar Pechstein.

Die Überschrift „Dachspfote oder Kinderhand" lässt dem Leser schon kriminelles ahnen. In der Geschichte geht es darum, dass ein Holzvogt einen Dachs geschossen hat.

Dieser sollte nun vom Koch im Gasthaus der heiteren Männerrunde für ein genüssliches Abendessen zubereitet werden.

Dazu wurden die Pfoten dem Dachs abgehauen und der Einfachheit halber aus dem Fenster geworfen. Anderntags fand ein Bornmacher eine Vorderpfote und informierte pflichtbewusst den Gendarm in Kohren.

In dem Blatt heißt es: „*Dieser hält das Ding für eine Kinderhand und zeigt es dem Arzt daselbst. Allein Dr. M. hält es für zweifelhaft, ob es eine Menschenhand oder Thierpfote ist.*

Der Gendarm macht aber Anzeige an die Staatsanwaltschaft in Borna und schickt die scheinbare Kinderhand mit ein. Hierauf lässt die Staatsanwaltschaft die angebliche Hand vom Gerichtsarzt besichtigen und – sie wird als die Hand eines neugeborenen Kindes rekognoscirt.

Infolge dessen ergeht durch das königliche Gerichtsamt Geithain an den Gastwirth Pechstein in Ossa die Verfügung: ‚er solle sich mit seiner Familie und Dienstpersonal Montag den und den vor früh 9 Uhr nicht aus seinem Hause entfernen‘, indem der Herr Staatsanwalt aus Borna erscheinen werde. Desgleichen wurde auch der Holzvogt oder Aufseher vom Rittergute bestellt, sowie der Ortsrichter und Gerichtsschöppe allda.

Alles war in der größten Aufregung und Spannung, was wohl für ein Verbrechen vorliegen müsse, indem niemand etwas wußte und Über alles ein Dunkel schwebte.

Montag, nachdem der Herr Staatsanwalt erschienen und die Untersuchung im Gange war, gab der Holzvogt die Erklärung und die anatomische Entwickelung, daß das Gefundene nicht die Hand eines neugeborenen Kindes, sondern eine Dachspfote sei. – So geschehen im Königreich Sachsen im 19. Jahrhundert. Alles schon dagewesen."

So wurde für kurze Zeit mit dieser Posse das kleine sächsische Dorf Ossa mit seiner Gaststätte in Bayern und ganz Deutschland bekannt.

In fast allen Zeitungen wurde dieses Ereignis abgedruckt, denn es war ja keine private Kuriosität, sondern ein realer Schwank, in dem die Behörden eine gewichtige Rolle spielten. Die so berühmt gewordene Gaststätte von Oskar Pechstein ist auf dem Bild, ein Ausschnitt aus einer Ansichtskarte, auf der vorigen Seite zu sehen.

Aber auch von dem Klavierbauer Carl Bechstein, stammend aus Gotha, in Berlin zu Berühmtheit und Wohlstand gekommen, gibt es eine nette Anekdote. In einem Aufsatz im „Erkener Heft 3/2001" zitiert Dr. Rühle einen Bericht aus dem „Allgemeinen Anzeiger" von Erkner vom 5.7.1938. Dazu muss man wissen, dass Carl Bechstein eine stattliche Villa am Dämritzsee in Erkner besaß und passionierter Entenjäger war.

„Der alte Kommerzienrat Bechstein war ein honetter Mann, und ebenso sein Sohn, ‚der gleichfalls Karl hieß. Der Sohn wohnte in dem Nebenhaus. Oft packte die Bechsteins die Jagdlust, und um Enten zu schießen..., ließen sie sich im Kahn hinausrudern...Mein Bruder...war bei dem Bechstein-Gärtner Erdmann in Stellung. Er mußte den Kahn fahren, aber lieber fuhren Bechsteins mit Albert Plinder oder mit mir...'. ‚Kroll,

was fahren sie ruhig!', rief Bechstein oft, ,sonst wackelt immer der Kahn, und man trifft keine Ente!' Wenn also der Kommerzienrat wußte, daß Albert Kroll zu Hause war, dann ließ er ihn rufen. Oft morgens ganz früh. Der junge Bechstein stand am Fenster, noch im Hemde. ,Kroll', rief er, ,hat ihnen mein Papa auch ordentlich Zigarren gegeben?' 'Ick hab den Jeheimrat noch garnich jesehn,' rief Kroll zurück, und schon flog ein ganzes Bündel schönster Zigarren...als Morgengabe aus dem Fenster des jungen Bechstein. ,Aber sagen Sie meinem Papa nichts; daß er Ihnen noch welche gibt!'

Und Bechsteins Papa hatte auch Zigarren. ,Die waren sogar so dick, det man an eener jenug hatte den janzen Vormittag'. Bechstein hatte die ganzen Wiesen bis Neu Zittau und Gosen gepachtet.

Ein Frühstückskorb wurde auf Tage mitgenommen.... Und eine Pulle Wein erhielt auch der Schiffer, eine schließlich musste er noch für seinen Vater nach Hause mitnehmen. ,Und außer dem Tageslohn gabs immer noch 3 Mark extra' berichtet Vater Kroll.''

Der im Bericht genannte Sohn ist Karl, der spätere Kurdirektor in Bad Oeynhausen.

Kommen wir noch zu einem „Ritual", dass mit Pechstein verbunden ist: Es ist das Stutzenfest in Weisenheim/Pfalz, gefeiert jährlich am Samstag vor dem Volkstrauertag.

In einem schon vom Titel her ungewöhnlichen Buch von Karl-Friedrich Flögel „Geschichte des grotesk-komischen: Eein Beitrag zur Geschichte der Menschheit" wird die Prozedur beschrieben, wie diese Anfang des 19. Jh. vollzogen wurde.

Er schreibt: „*Wann die Sitte zur Einführung kam, kann konnte ich nicht feststellen, zum letzten Male wurde sie ausgeübt im Jahre 1832 und aufgehoben, als ein dazu Bestimmter sich hartnäckig weigerte, sich der Prozedur zu unterziehen.*

Die Sache ging so vor sich: An einem vom Bürgermeisteramt festgesetzten Tage des Spätjahres fanden sich die während des Jahres in den Ehestand eingetretenen Männer mit dem Bürgermeister und dem Gemeinderat und zahlreich erschienenen Zuschauern (auch von auswärts) vor dem Schul- und Gemeindehaus ein, wo zwei Steine standen, der eine ungefähr 1 m hoch und 40 cm im Durchmesser, der andere nur 50 cm hoch und 60 cm im Durchmesser, ersterer aus weißen Sandstein, letzterer aus blauem Pechstein vom nahen Berg ‚Pechsteinkopf‘.

Auf dem niedrigeren, breiten Stein stand der Bürgermeister und hielt eine Ansprache an die Versammelten. Um den höheren stand der Gemeinderat, um die Jungverheirateten zu stutzen.

Zwei bis vier Mann packten den zu Stutzenden, hoben ihn in die Höhe und stießen ihn mit einem gewissen Körperteil (dem Unaussprechlichen) kräftig auf den Stein auf, damit war er zum vollberechtigten Gemeindemitglied erklärt.

Die Feierlichkeit endete damit, daß auf dem Gemeindehause der von dem Gestutzten gelieferte Wein, das Brot, Käse, Wurst und ein Körbchen Wallnüsse verzehrt wurden, was oft zu einem wüsten Zechgelage ausartete. Letzterer Umstand und der oben erwähnte führten zur Aufgabe dieser Volkssitte.

Die beiden Steine standen an ihrem ursprünglichen Platze bis zum Jahre 1872. Der Festplatz wurde verbaut durch Aufführung eines Schulhauses, und die Steine zerschlagen und zur Pflasterung des Schulhofes mit verwendet.“

Aber auch über Max Pechstein fand ich eine interessante Anekdote in einem Buch von Rudolf Oettinger. Sie beschreibt eine Bootsfahrt zur Insel Rowe im Garder See, polnisch Jezioro Gardno, in Pommern, wo er mehrfach 1922/23 weilte.

„Wie verkehrsfremd diese Landschaft war, erlebte Max Pechstein, der bekannte Maler, als er eines schönen Maientages bei dem Gastwirt Franz Kemp in Rowe ein Zimmer mieten wollte. Mit dem Fischerboot war er über den See gesegelt, um sich das Fischerdorf erst einmal anzusehen. Sein Gepäck hatte er jenseits des Sees gelassen.

Hier bleibe ich, hatte er beschlossen. Der Gastwirt war sehr erstaunt, daß ein Mann schon im Mai in Rowe wohnen wolle. Was er treibe, hatte Franz den Gast gefragt. Er sei Maler und wolle hier malen, bekam er zur Antwort. Franz meinte, hier male jeder selbst, was zu malen sei.

Nein, er sei Kunstmaler, hatte Pechstein erwidert. Das war sehr verdächtig, denn Franz stufte Kunstmaler, Schauspieler und Zigeuner in die gleiche Kategorie ein.

Daher ging er zum Lehrer und sagte: ‚Du, bei mir sitzt ein Verbrecher. Der will bei mir wohnen.'

Max Pechstein erzählte später einmal, wie die beiden hinter der Türe standen und ihn beobachteten und tuschelten. Allmählich schien man Vertrauen zu ihm gefaßt zu haben.

Vor allem, weil Pechstein einen 50-Mark-Schein auf den Tisch gelegt hatte. Welcher Krüger lässt sich durch solche Argumente nicht überzeugen?! Pechstein blieb und wurde der beste Künder der Schönheit dieser Landschaft."

Zum Schluss noch eine Schilderung von Ludwig Bechstein in seinem Buch „Wanderungen durch Thüringen" über einen Besuch in Ilmenau, meiner Heimatstadt. Er beschreibt wie zwei Freunde den Aufstieg auf den 861 m hohen Kickelhahn erlebten.

„Unterdess hatte einer der anwesenden Bewohner Ilmenau's ein Gespräch mit Wagner angeknüpft und diesen von den Tagen unterhalten, welche Carl August, Göthe und Knebel dort in heiter waltender Gemüthlichkeit, allen Zwanges baar, den die Etikette in Weimar den verwandten Geistern vor Zeugen anlegte, oft übersprudelnd froh verlebt.

Da ward jenes noch stehende Berghäuschen auf dem aussichtreichen Gipfel des Gückelhahnes erwähnt, an dessen Wand Göthe mit Bleifeder einen sinnigen Vers schrieb und Anekdote an Anekdote gereiht.

Auch noch vorhandene Briefe Göthe's in den damaligen Bergbau-Angelegenheiten wurden erwähnt und vorgezeigt, sie trugen aber alle den gleichen Typus des formellen Geschäftsstyls, den der große Dichter sich angeeignet hatte, so daß nichts Erfreuliches aus dieser Lectüre gewonnen wurde."

Verlassen wir die historischen Anekdoten und Beschreibungen und kommen zur Darstellung einiger Familienzweige.

10. Kurze Übersicht über einige Familienzweige Pechstein und Bechstein

Zum Ende des Buches möchte ich noch auf einige Ergebnisse meiner und anderer genealogischer Forschungen eingehen. Dies ist insbesondere für die Leser gedacht, die auch Familienforschung betreiben und immer auf der Suche nach Anhaltspunkten für Verbindungen zu anderen Familien sind. Aber auch mehr über Familien wissen wollen, was z. B. die Herkunft und deren Verbreitung betrifft.

Eine detaillierte Übersicht zu einzelnen Familienzweigen bleibt einer späteren Veröffentlichung vorbehalten.

Aufgrund meiner bisherigen Recherchen sollten viele Familien Pechstein in Sachsen, den Regionen um Rochlitz – Geithain - Lunzenau, aber auch Zschorlau – Schneeberg – Schwarzenberg, ihren Ursprung haben. In Franken beginnen viele Familienzweige auch um 1500. Schwerpunkt ist dort die Region um Schauenstein – Selbitz - Hof. Weitere Familien scheinen ihre Wurzeln in Berlin - Friedrichstadt, im Kirchenamtsbezirk der Jerusalemkirche, zu haben.

Die Familien Bechstein findet man gehäuft u. a. in Thüringen – um Gotha, Waltershausen, Weimar und Altenburg, in Württemberg in den Regionen um Schwäbisch-Hall, Heilbronn und Stuttgart und in Hessen um Bad Hersfeld und Rotenburg.

Ich beginne mit der Familie meines Vaters. Die Zahl in Klammern vor dem fett gedrucktem Vornamen in der ersten Ahnenlinie bedeutet die Generation (0 = Proband, in unserem Fall ist dies unser Enkel Philipp). Hinweis zu verwendeten Zeichen: * geboren, + gestorben, oo verheiratet, Ioo erste Heirat, IIoo zweite Heirat usw. , T = Töchter, S = Söhne.

Bei allen Angaben ist zu berücksichtigen, dass die Daten nach besten Wissen gegeben werden. So kann man z. B. keine Garantie übernehmen, ob alle Kinder gefunden wurden. Auch weisen manche Kirchenbücher Lücken auf oder Eintragungen in Zeiten der Seuchen und des 30-jährigen Krieges sind unleserlich bzw. nicht immer zweifelsfrei einer Familie zuzuordnen. Natürlich können auch Lese-, Übermittlungs- und Tippfehler auftreten, auch wenn ich hoffe, dass dies nicht der Fall ist.

Die nachfolgenden Ahnenlinien sind nur Beispiele. Von ihnen gehen natürlich unzählige Zweige ab, auf die hier wegen des Umfanges nicht eingegangen werden kann, obwohl viele bereits erforscht sind. Die ersten beiden Ahnenfolgen sind Beispiele aus dem Leipziger Land.

1. Ahnenlinie Gregor Pechstein aus Oberpickenhain in Sachsen

Wie ich bereits ausführte, stammt unser Spitzenahn (16. Generation), der **Gregor** Pechstein aus Oberpickenhain, einem Dorf zwischen Rochlitz und Geithain. Er lebte mit seiner Familie Anfang des 16. Jahrhunderts auf einen Bauernhof. 1529 fand A. Lange eine erste Erwähnung im Landes-steuerregister. Man erfährt, dass er einen Hof mit einer Magd und zwei Knechten bewirtschaftete.

Er verstarb 1559 und das Gut übernahm sein jüngster Sohn Valten. Seine drei Geschwister zahlte er aus. Der Sohn Franz ging später nach Rathendorf. Seine Frau Gertraut starb 1563 und im Kirchenbuch wurde vermerkt: *„Sontag nach Ursula den 24 monatstag octobris ist di alte Peschteinyn zu oberpickenhain begrabenn der got gnade."*

Die nächsten Generationen sind:

- (15) **Valten** (*um 1530, +1609) Oberpickenhain,
    Ioo 1558 mit Hedwig Peter aus Oberelsdorf (*? , +1589),
    IIoo 1593 mit Margaretha Pfefferkorn aus Langenleuben,
    6 Söhne, 3 Töchter. Sohn Basius: Beginn Zweig Peter Kirchbach.
- (14) **Thomas** (*1566, +1632), Oberpickenhain,
    oo 1591 mit Anna Ranft aus Jahnshain, 2 Söhne sind bekannt.
- (13) **George,** (*um 1595, +1643), Oberpickenhain/Narsdorf,
    oo 1618 mit Barbara Methe aus Kolka, 6 Söhne, 2 Töchter.
    Hier beginnen die Ahnenzweige vieler Familien mit dem Sohn
    Christianus (*1629, +1711) in der Region Geithain,
    Dessen Sohn Jacob (*1665, +1730, oo 1689 Regina Kaiser, 5 T.
    2 S.) begründete die Ahnenzweige der Vorfahren von Gerd,

Roswitha und Werner.

Der Bornaer Zweig von Diana beginnt mit dem Sohn George (*1685, +1739, oo 1686 Dorothea Hotzmüller, 4 T, 4 S.) Siehe Fotos auf Seite 95-97 u. 99.

- (12) **Thomas** (*1624, +1688), Narsdorf,
    oo 1648 mit Maria Eckart, 5 Söhne, 5 Töchter
- (11) **Johannes** (*1651, +1720), Geithain/Neumarkt,
    Ioo 1679 mit Anna Sittner aus Theusdorf,
    IIoo 1698 mit Eva Werner aus Theusdorf,
    IIIoo mit Rosina Nebel aus Kolka, 8 Söhne, 6 Töchter.
- (10) **Michael** (*1682, +1750), Geithain/Neumarkt,
    Ioo 1711 mit Eva Marcks aus Niedergräfenhain,
    IIoo 1719 mit Anna Junghanß aus Kohren, 4 Söhne, 3 Töchter.
- (9) **Samuel**, (*1716, +1801), Geithain/Neumarkt,
    oo 1749 mit Eva Maria Tränckmann aus Wickershain,
    2 Söhne, 1 Tochter.
- (8) **Johann Samuel** (*1752, +1831), Geithain/Neumarkt,
    oo 1777 mit Maria Rosina Berger aus Seifersdorf,
    4 Söhne, 2 Töchter.
- (7) **Johann Gottfried**, (*1784, +1842), Geithain/Neumarkt,
    oo 1807 mit Johanne Gutbier aus Breitenborn, 5 Söhne, 4 Töchter.
    Hier beginnen u. a. folgende Nachfahrenzweige:
    - Die „Crimitschauer Linie" der Nachfahren des Gottlob August
      (*1810, +1864). oo mit Emma Henriette Herling, 4 T., 4 S.
    - Der Zweig des Friedrich Wilhelm, siehe (6).
    - Sein Sohn Carl Heinrich (*1821)wanderte nach Tod seiner jungen
      Frau Antonie König in die USA aus. Keine Nachfahren bekannt.
- (6) **Friedrich Wilhelm** (*1817, +um 1892), Geithain/Neumarkt,
    Ioo1842 mit Johanne Christiane Herrmann aus Weißbach,
    IIoo mit Johanne Christiane Rose geb. Polster aus Syhra,
    5 Söhne, 5 Töchter, mit den Zweigen
    a. Carl Oskar (*1843, +1897) oo 1870 A. Römer, (lebte in Carlsfeld).

Seine Töchter Marie Clara und Martha siehe Fotos auf S. 99 und 100.

b. Marie Auguste (*1845, +um 1890), Ioo 1871 Fr. Rosenberg, 2S, 2T.

c. Amalie Bertha (*1847, +1884), Ioo 1867 Fr. Welker, 3 T., 5 S.
   IIoo 1880 Franz Otto, IIIoo G. Fischer, Geithain.

d. Emilie Clara (*1849, +1887), oo 1878 K. Lindner, 2 S., 5 T.

e. Emil Bernhard (*1851, +1891), oo A. L. Hermann, 2 T. 1 S.

f. Clara Melitta (*1855, +1931), oo Fr. A. Schönherr, 4 T.

g. Robert Emil, siehe unten unter (5)

h. Friedrich Wilhelm (*1859, +1891), oo 1886 E. A. Methe 1 T, 1 S.

- (5) **Robert Emil** (*1857, +1892), Geithain/Neumarkt,
   Ioo 1881 mit Johanna Bertha Auguste Jacob aus Buchheim,
   3 Söhne, 2 Töchter. Seite 98 Sohn Albin Max und Enkel Herbert.
   Auf dem Foto unten die Tochter Frieda Elsa, verheiratete Hanickel.

Frieda Elsa mit den Söhnen Karl, Alfred, Artur, Franz Max, um 1915

- in der 13. Generation beginnt mit Sohn Christianus (*1629, +1711,
   Ioo um 1654 Margaretha, IIoo 1684 Maria Biltz) der Familienzweig

u. a. von Gerd, Werner und Claudia Pechstein sowie von Roswitha Pfefferkorn.

Weitere Vorfahren dieses Zweiges im 19. Jh. sind u. a. Johann Andreas (*1811, +1868) und die Söhne Karl Friedrich (*1839), Friedrich Wilhelm (*1850) und Johann Heinrich (*1853) aus Nieder- u. Ober frankenhain, Altdorf und Wickershain.

Fotos von Nachfahren findet man auf Seite 96 und 99.

- Jacob (*1696), ein Enkel des Christianus, begründete einen Zweig, in-

dem das Zeug- und Leinewe-ber-Handwerk zeitweilig vorrangige Erwerbsquelle wurde. Weitere Ahnen dieses Zweiges sind u. a. Carl Gustav in Geithain (*1833, +1879), Gustav Emil (*1869), Schuhmachermeister in Borna und Emil Karl (*1901).

Das nebenstehende Foto zeigt den Instrumentenbauer Gustav Pechstein zum 25. Betriebsjubiläum in der Pianoforte-Fabrik Eduard Seiler in Liegnitz, Niederschlesien. Er erlernte in Borna das Handwerk als Harmoniumbauer. Dies sind die Ahnen von Diana Hiller. Fotos dieser Familie auf S. 97.

- einen weiteren Zweig, ausgehend vom Zweig des Christianus, begründete Christian Gottfried (*1796,+1877). Sein Sohn Christian Gotthelf (*1828, +1904) ging nach Carlsfeld.

- Interessant das Zusammengehen von zwei Ahnenzweigen Pechstein mit Christian Friedrich Emil, *1863 in Ebersbach, +1925 in Carlsfeld und Marie Clara Pechstein, *1871 in Geithain, +1946 in Carlsfeld. Beide heirateten in Topfseifersdorf im Jahre 1883 (6 Töchter und 2 Söhne). Siehe auch Fotos S. 99 und 100.

Marie u. Bruno Pechstein um 1912,
Altdorf, mit Söhnen Kurt und Walter

Werner Pechstein, Geithain, 1921

Familie Heinrich Pechstein, Niederfrankenhain, um 1920

Karl Pechstein (hinten rechts mit dem Cello), Orchester trägt den Namen „Conzertina und Bandonion „Club" Borna", 1925

Familie des Gustav Emil Pechstein in Borna

Albin Pechstein in Rochlitz, 1905   Sohn Herbert, 1920 in Engelsdorf

Schulklasse von Herbert Pechstein, Engelsdorf, um 1922 (3. Reihe Junge links)

Theresa Pechstein, geb. Römer, mit Enkel
Helene u. Elsa Pechstein um 1895

Arno Paul Pechstein, Geithain, 1914,
als Soldat in Frankreich

Silberhochzeit Emil Christian Friedrich und Marie Clara Pechstein (Mitte), 1914

Martha Teichmann, geb. Pechstein, um 1900, Martha u. Max Teichmann mit Kindern Martin, Willi (beide hinten), Edwin, Gertrud und Elsa, um 1917

Martha, geb. Pechstein, mit ihrem Mann Max Oswald Teichmann beim Aufziehen eines Reifens ihrer Schmiede in Wechselburg

2. Ahnenlinie Urban Pechstein aus Seifersdorf in Sachsen

Ein großer Teil dieser Daten wurde von Eva-Maria Jülich bereitgestellt, da ihre Familie mit diesem Ahnenzweig verbunden ist.

Nach heutigem Wissensstand könnte **Urban**, geboren um 1540, mit seinen in einem Gerichtsbucheintrag erwähnten Brüdern Jacob, Matz und Nisius, zu einer Familie aus Obergräfenhain gehören.

Hier komme ich auf den Geburtsschein des Bastian P. aus Jägerndorf (Kapitel 7, S. 75) zurück. Bastians Eltern waren Urban und Catharina Pechstein aus Obergräfenhain.

Es ist durchaus denkbar, dass diese auch Eltern oder Großeltern bzw. sehr nahe Verwandte des Urban und seiner Geschwister gewesen sind.

P. Kirchbach fand die Namen in dem Obergräfenhainer Kirchenrechnungsbuch aus der zweiten Hälfte des 16. Jh. und zu seinem Erstaunen sehr oft als Bechstein geschrieben. Dies ist wieder ein Beweis dafür, dass die Schreibweise von Namen willkürlich und an die Person des Schreibers gebunden war.

Kommen wir zurück zu Urban. Sehr wahrscheinlich ist es auch, dass er mit dem Gregor sowie mit anderen Pechstein-Familien der Region Rochlitz und Geithain verwandt ist. Die Begründung kann die Aussage im Gerichtsbuch Geithain vom 25.01.1600 (GB 203, S. 219) sein.

Hier heißt es: *„Seine 3 Söhne leisten ihrem Vetter Blasius Peschten Verzicht wegen ihres Erbteils."* Der hier aufgeführte Blasius (*1560, +1625) sollte der Sohn des Valten aus Oberpickenhain sein.

Andererseits erscheinen Valten, Sohn des Gregor, und sein Sohn Blasius als Gläubiger von Urban im Jahre 1585. Es bleibt die Frage, in welchem Verwandtschaftsverhältnis stehen Valten und Urban? Sind es vielleicht sogar Brüder?

Mir begegnete Urban zunächst in der „Pechstein-Chronik" von Dr. Lindner und dann auch bei der Recherche der Kirchenbücher in Ossa. 1561 belegt ein Eintrag, dass er Walpurga Auner, die Witwe des Urban Kreidel aus Seifersdorf heiratet. Damit wurde er auch Besitzer des Gutes und vielleicht auch mit einer Art Schmiede. Zumindest wurde beim Verteilen des Erbes von „Eisenwerk" gesprochen. Seine drei Söhne – Jacob, Matthäus und Christoph – und die Tochter Margareta entstammen dieser Ehe. Seine Frau starb 1574 und er heiratete 1585 lt. P. Kirchbach in 2. Ehe eine Margaretha Pfefferkorn aus Langenleuba-Oberhain. 1585 war er hoch verschuldet und ging nach Altdorf, wo er um 1600 verstarb.

Die nächsten Generationen sind:

- **Jacob,** (*1571, +1633), Geithain, erster Hufschmied in der Familie, oo um 1618 mit Berger. 4 Söhne, eine Tochter.
  Die Familie, wie auch andere, wurde fast vollständig durch die Pest ausgelöscht. Georg(e) überlebte vermutlich, weil er nicht zu Hause war. P. Kirchbach vermutet, dass er auf Wanderschaft gewesen ist.
- **Georg(e)** (*1611, +1683), Geithain, Hufschmied, oo mit Maria Schieferdecker, 4 Söhne, 3 Töchter,
- **Abraham** (*1641, +1700) Geithain, Huf- und Waffenschmied, oo mit Martha Maria Ammerbach aus Geithain, 3 Söhne, eine Tochter
- **Elias** (*1672,+1737), Geithain, Huf- und Waffenschmied, oo mit Margarethe Beltz aus Geithain, 3 Söhne, 3 Töchter,
- **Johann Gottfried** (*1705, +1785), Geithain, Huf- u. Waffenschmied, oo mit Regina Landgraf aus Geithain, 4 Söhne, 4 Töchter,
- **Johann Christian** (*1743, +1807),Geithain, Huf-u. Waffenschmied, oo mit Johanna Salome Winter aus Geithain, 6 Söhne, 4 Töchter,
  Hier beginnt der Zweig von Peter Pechstein aus Bremen mit Johann Gottlob (*1785, +1851), oo Christiane Friedericke Weigel. Geboren in Geithain, ging er nach Dresden und begründete eine um fangreichen Familienzweig.
  Fotos Seite 103.
- **Johann Christian** (*1780, +1816), Geithain, Huf- u. Waffenschmied, oo mit Christiana Sophia Holzmüller, Geithain, 2 Söhne,
- **Christian Friedrich** (*1808, +1856), Geithain, Zimmermann, Ioo mit Johanna Christiane Friederike Trautner aus Geithain, 3 Söhne, 2 Töchter, IIoo 1853 mit Johanna Christiane Lorenz,aus Frohburg,

Söhne von Erich Pechstein 1936 in Dresden

Erich Pechstein mit seinen Kindern und Kindermädchen am Elbufer Dresden 1944

- **Christian Friedrich Traugott** (*1833, +?), Geithain, Zimmermann,
  oo mit Johanne Eleneore Grünert (Witwe) aus Otterwisch,
  3 Söhne, 2 Töchter,
- **Ernst Emil** (*1858, +?), Geithain, Zimmermann,
  oo mit Ernestine Thekla Beyer aus Wyhra, 3 Söhne, 5 Töchter.

3. Ahnenlinie Donat Pechstein aus Zschorlau bei Zwickau/Sa.

Diese Linie wurde u. a. von Dr. Lindner aus Crimmitschau und Karl-Heinz Krüger aus Chemnitz (siehe Literatur-Hinweise) recherchiert. Auf diesen Daten und den von Peter Pechstein recherchierten Angaben, beruht die nachfolgende Übersicht.

Ich wählte den Zweig, der zu den Maler Max Pechstein führen soll. Es ist zu bedenken, dass gerade in Trünzig, wo dieser Zweig hinführt, erhebliche Lücken in den Kirchenbüchern vorhanden sind.

Gehen wir aber davon aus, dass auch hier mit Sorgfalt recherchiert und auf alte Quellen zurückgegriffen wurde. Die Nachfahren des Donat zeichnen sich auch damit aus, dass bei ihnen häufig die Schreibweise zwischen B und P im Nachnamen wechselte, sogar Bachstein ist zu finden.

Die Herkunft des Schneiders **Donat** Pechstein konnte bisher nicht ermittelt werden. Der doch recht ungewöhnliche Vorname, ein Burgvogt zu Meißen hieß so, lässt sogar die Vermutung nahe, dass seine Familie aus Schlesien zugewandert sein könnte. Als Geburtsdatum wurde 1549 errechnet.

Er ist der Ausgangspunkt vieler Familien Pechstein und Bechstein bis in die heutige Zeit. Es ist anzunehmen, dass Donat zum Heiraten der Barbara (Nachname ist unbekannt) nach Zschorlau kam. Es schien, dass man auf ihn gewartet hat, denn schnell ernannte man ihn zum Schulmeister und Kirchner. Er unterrichtete die Kinder bis zu seinem Tode in Religion, Lesen, Schreiben und Rechnen.

Im Kapitel 9 haben wir vom tragischen Ende dieser Ehe am 26.2.1569 erfahren. Aus dieser Ehe soll es einen Sohn Paul, geboren 1568, geben, aber weiteres ist mir nicht bekannt.

1570 heiratete er Maria Pommer aus Zschorlau. Vier Söhne und es wurde noch ein Sohn Michael genannt. Im Jahre 1599 starb Donat.
- **Melchior** (*1575, +?), Zschorlau, Gutsbesitzer,

Ioo 1599(?) mit Magdalena Wiesner aus Eibenstock,
IIoo 1634 mit Walpurgis (Name unbekannt) aus Zschorlau,
1 Sohn und 3 Töchter.
- **Johannes, auch Hans** (*1603, +1675), Zschorlau, Köhler,
  Ioo um 1629 mit Sabina (Name nicht bekannt) in Zschorlau,
  IIoo 1641 mit Maria Georg aus Zschorlau, 4 Söhne, 2 Töchter.
- **Johannes, auch Hans** (*1632, +1695), Zschorlau, Köhler,
  oo 1655 mit Maria Tröger in Zschorlau, 5 Söhne, 5 Töchter.
- **Gabriel**, (*1671, +1722), Zschorlau, Huf-und Löffelschmied,
  oo 1696 mit Regina Freytag aus Zschorlau, 1 Sohn bekannt.
- **Johann Georg** sen. (*1707, +1780), Zschorlau, Trünzig bei Werdau,
  Huf- und Waffenschmied,
  oo um 1734 mit Maria Trommer, geborene Körner in Trünzig,
  3 Söhne (zwei schreiben sich mit B).
- **Johann Georg** jun. (*um 1740, +um 1820), Trünzig
  Ioo 1767 mit Maria Elisabeth Schröter in Trünzig, 5 Söhne, 2 Töchter,
  IIoo um 1790 mit Justina Pfeifer aus Trünzig, 1 Sohn, 1 Tochter.
  Es ist zu vermuten, dass der Vater des Malers Max Pechstein zu dieser
  Familie gehört.
- **Johann Michael** (*1781, +?), Trünzig, um 1721 Sellerhausen/Leipzig
  Ioo 1812 mit Johanne Christiane Petzold,
  IIoo 1819 mit Dorothea Sophia Thiel, 2 Söhne,
  IIIoo ? mit Christiane Nitzsch,
- **Johann Heinrich August** (*1820, ?) Huf- u. Waffenschmied,Leipzig,
  oo 1847 mit Wilhelmine Henriette Zwanzig, 3 Söhne, 3 Töchter.
- **Heinrich Richard** (*1848, +1887), Schmied, Leipzig,
  oo um 1873 mit Amalie Pauline Rohlandt, 5 Söhne, 3 Töchter,
- **Paul Georg**, (*1878, +1970), ausgewandert New York/USA
  oo ? mit Philipine Jeanne Van De Stehen, 2 Söhne.
Paul Georg wurde damit ein Stammvater einer großen Pechstein-Familie
in den USA.

4. Familienzweige von Ludwig, Johann Matthäus und Carl Bechstein sowie der Unternehmerfamilie Bechstein aus Altenburg

Lange habe ich danach gesucht, aber erst mit Hilfe des Archivars und
Genealogen Christian Kirchner erhielt ich dankenswerter Weise eine
Kopie des Aufsatzes von Ernst Tunmann aus der Zeitschrift „Thüringer

Sippe" von 1940 mit dem Titel „Zwei Bechsteins - der Dichter und der Forstmann".

Neben der Beschreibung der Verwandtschaft enthielt dieser auch den Stammbaum, den ich hier in kurzer Übersicht als Beispiel einer Thüringer Familie namens Bechstein darstellen möchte. Er beginnt mit dem Ernst Bechstein, der aus Zimmern stammt, wobei ich den heutigen Ortsteil von Bad Langensalza annehme. Eine weitere Möglichkeit wäre der Ort gleichen Namens im Saale-Holzland-Kreis.

Nach Hans Bechstein trennen sich die Familienzweige. Den Familienzweig, der zu Ludwig, dem Schriftsteller und Märchenerzähler führt, kennzeichne ich mit A, den Zweig des Forstmannes und Naturforschers Johann Matthäus mit B.

Gemeinsamkeiten gibt es jedoch auch mit den Unternehmerfamilien in Altenburg, die u. a. die weltbekannte Spielkartenfabrik am 16.11.1832 gründeten. Der Heimatforscher Karl-Heinz Gehlauf fand heraus, dass der Vater der drei unternehmerisch tätigen Brüder Otto, Wilhelm Louis und Bernhard Bechstein in Altenburg, der Bruder von Ludwigs Mutter Johanna Karoline gewesen ist.

Ludwig Pechstein, der unehelich in Weimar das Licht der Welt erblickte, hatte einen französischen Vater. Er wurde deshalb auf den Namen Louis Clairant Hubert Dupontreau getauft. Er hatte eine schwere Kindheit. Seine Mutter gab ihn zur Erziehung in eine Familie.

Als der Sohn des Onkels Johann Matthäus Bechstein 1810 starb, nahm sich dieser des Jungen an, adoptierte ihn und gab ihm den Namen Ludwig Bechstein.

Ludwigs Mutter ging schon vorher zurück nach Altenburg, sodass der Junge lange Zeit bei Pflegeeltern in Weimar aufwuchs. Bevor er seiner schriftstellerische Berufung folgen konnte, lernte er in Arnstadt den Beruf eines Apothekers.

Somit ist es erforderlich noch einen Familienzweig, den ich mit C kennzeichne, anzufügen, um die Verbindung zwischen den „Thüringern" zu verdeutlichen. Doch damit nicht genug. Dr. Rühle weist in einem Aufsatz zu dem Klavierfabrikanten Carl Bechstein darauf hin, dass dieser auch zu der Familie des Ludwig Bechstein gehört – Familienzweig C.

Auf der Homepage des Unternehmens heißt es: *„Zu den Cousins des Märchensammlers zählte auch der Vater von Carl Bechstein, ein Friseur und Perückenmacher in Laucha."*

Somit ergeben sich folgende Ahnenzweige der bekannten Thüringer Bechstein-Familie.

- **Ernst** (* ?, +?), Zimmern, Schäfer,
- **Volkmar** (*1659, +1737), Langenhain, Schmied, Syndicus,
  oo 1682 mit Catharina Greif in Langenhain, 3 Söhne,

A
- **Hans** (*1690, +?), Langenhain, Praetor et Disciplinae Inspector,
  oo ? mit Elisabeth Schmidt, 4 Söhne, 4 Töchter,
- **Johann Wilhelm** (*1721, +1792), Langenhain, Altenburg,
  fürstlicher Konsistorialbotenmeister,
  oo 1768 mit Clara Wilhelmine Ernestine Nürnberger in Altenburg,
  4 Söhne, 4 Töchter,Sohn Christian Wilhelm Heinrich siehe C
- **Johanna Karoline** (*1775, +1817), Altenburg,
- **Ludwig** (*1801, +1860), Weimar, Meiningen, Schrifsteller,
  Ioo 1832 mit Caroline Wiskemann in Meiningen, 1 Sohn
  Reinhold (*1833, +1894), Meiningen, Rostock, Prof. Germanistik
  IIoo 1836 mit Johanne Therese Schulz in Untermaßfeld, 3 Töchter und
  2 Söhne (Wilhelm, Ludwig – Illustrator in München *1843, +1914)

B
- **Sebastian** (*1686, +1748), Langenhain, Schmied, Steiner,
  oo 1715 mit Anna Elisabeth Ehrhard aus Langenhain, 3 Söhne,
- **Andreas** (*1727, +1781), Langenhain. Waltershausen, Hufschmied,
  oo 1756 mit Catharina Elisabeth Keyser aus Langenhain, 3 Söhne,
- **Johann Matthäus** (*1757, +1822) Waltershausen, Dreißigacker, Dr.
  und Forstmann
  oo 1790 mit Auguste Carsten aus Lübeck in Waltershausen, 1 Sohn,
- **Eduard** (*1792, +1810), Waltershausen, Dreißigacker.

C
- **Christian Wilhelm Heinrich** (*1772, +1848), Altenburg,
  Herzoglicher Sachsen-Altenburgischer Kanzleirat,
  oo ?
- **Otto** (*1800, +1852), Lithograph, Maschinenfabrik, 2 Söhne
  Wilhelm Louis, (*1803, +1888), Apotheker, Anilinfabrik, 2 Kinder,

- Bernhard (*1810, +1897), Spielkartenfabrik,

D
- **Dieter Johann Christoph** (*1763, +1827), Kammerdiener bei Prinz
  August von Sachsen-Gotha-Altenburg, später Lehrer in Laucha,
  oo 1788 Juliana Ernestina Bernecker Gotha, 2 Söhne, 4 Töchter
- **Friedrich Wilhelm August** (*1789, +1831), Gotha, Friseur,
  Perückenmacher,
  oo 1821 mit Christine Ernestine Auguste Reißing aus Gotha,
  1 Sohn, 2 Töchter,
- **Carl Friedrich Wilhelm** (*1826, +1900), Gotha, Berlin ,
  3 Söhne, 1 Tochter.

5. Ahnenlinie des Künzlin Bechstein in Gelblingen/Württemberg

In Süddeutschland findet man als erste Erwähnungen von Familien Bechstein (auch Beschein geschrieben), die von Dr. Wunder erforschten Familienzweige. Von Beruf meist Fischer, Müller, Bauer und Weingärtner, auch Salzsieder, gehörten sie mit zu Schwäbisch-Hall, wo sie u. a. den jährlichen Zins für das Fischereirecht entrichteten.

Über seine Funde berichtete Dr. Wunder in einem Aufsatz mit dem Titel „Seitzinger und Bechstein, neue Spitzenahnen". Er fand als Ersterwähnung (1361) den Namen in Urkunden der Stadt Schwäbisch Hall. Es wurde u. a. 1368 und 1406 erwähnt, dass des „Conntz Bechsteins Haus an der Mühle" stand und ein Walter Bechstein Hofrait zu Gelbingen war. Wohlhabend wurde man u. a. durch die Salzsiederei.

Auch in der Schwäbisch-Haller Region gibt es verschiedene Schreibweisen wie z. B. Bechstain.

Dr. Wunder beschrieb die Gelbinger Bechsteins wie folgt: „*Das Gelbinger Fischer- und Müllergeschlecht, das von reichen Bauern in einer Linie über einen Gastwirt, den reichsten Mann von Hall, zum Adel aufstieg, kann also als eines der Ahnengeschlechter unseres Landes angesehen werden.*"

Lienhard (Leonhard) Bechstein, betrieb ein Gasthaus am Markt in Schwäbisch-Hall. Er beherbergte viele Gäste aus den Familien der Pfälzer Kurfürsten, so wie im Jahre 1534, 1537 und 1542 den Herzog Ottheinrich und Herzog Philipp von der Pfalz.

Mit dem Adel spielt er auf den Michel Bechstein an, der 1592 einen Adelsbrief mit Bezug auf das ausgestorbene Adelsgeschlecht von Bachenstein erworben haben soll. Das Bechstein-Wappen ist noch auf einem Grabstein, datiert 1581, in Schwäbisch-Hall zu sehen.

Die nachfolgende Ahnenliste Bechstein, der letzte war Michel Bechstein (*1597, +1672) in Schwäbisch-Hall, soll die frühen Bechsteins (nach den Angaben von Dr. Wunder und Peter Bohrer), dokumentieren.

Da Familienmitglieder im 16./17. Jh. nach Untermünkheim, Sulzdorf und Weinsberg abwanderten, können dort noch Nachfahren dieser Familie Bechstein zu finden sein.

- **Künzlin**, auch Konnz, (um 1415, +1440), Gelbingen, Fischer, 2 Söhne
- **Peter** (*1447, +1479), Gelbingen, Fischer, Müller,
  oo mit Elsbeth Löchner , 2 Söhne, 1 Tochter,
- **Michel**, gen. Mülmichel, (*?, +um 1532), Gelbingen, Fischer,
  2x oo, 2 Söhne,
- **Lienhard** (*1527, +um 1565), Gelbingen, Schwäbisch-Hall, Wirt,
  oo mit Margarete Neiffer aus Schwäbisch-Hall,
  Hinweis: Lt. Wappenbeschreibung der Stadt - +um 1557
- **Michel** (*?, +1603), Schwäbisch-Hall, Junker,
  Ioo 1578 mit Magdalena Erer aus Heilbron, 2 Töchter,
  IIoo mit Barbara von Wildesheim.

Teilweise beruhen die Daten auf Steuerunterlagen und nicht immer auf Geburtsurkunden u. ä. Bei genauer Recherche, der im Stadtarchiv aufbewahrten Unterlagen, sollte die Familie Bechstein bis ins 14. Jh. belegt werden können. Ab 1361 sind Urkunden zu Kauf-, Erb- und anderen Gerichtsentscheidungen mit Namensnennungen vorhanden. So könnte der 1361 genannte Cunrad der Vater oder Großvater des Künzlin Bechstein sein.

6. Ahnenlinie des Albertus Pechstein aus Weidesgrün/Oberfranken

Vor 35 Jahren recherchierte Peter L. Pechstein diese Linie und sammelte ausgehend von diesem Spitzenahn weit über hundert Personen. Die Nachfahren des Albertus leben bis heute in vielen Familienzweigen in Oberfranken in der Region in und um Hof, Weidesgrün und Rothenburg.

Inwieweit Albert mit der Familie des Merten Pechstein (*um 1500) aus Windischengrün verwandtschaftlich verbunden ist, konnte ich leider nicht feststellen.

Die Orte mit vielen Vorkommen des Nachnamens Pechstein wie Windischengrün, Naila, Selbitz, Schauenstein und Weidesgrün liegen in einem sehr eng begrenzten Territorium, vergleichbar der Gegend um Rochlitz und Geithain in Sachsen.

Daher ist anzunehmen, dass die Familien gemeinsame Wurzeln aufweisen. Irgendwann wird bestimmt die Frage nach der Verbindung dieser Familien mit den sächsischen Familienzweigen, Entfernung zwischen den Orten um 100 km, beantwortet werden. Hier werden wohl die Heimatgeschichtler noch viele Urkunden und Genealogen Gerichtsbücher und Steuerakten usw. recherchieren.

Auch in Franken gibt es verschiedene Namensschreibweisen und natürlich auch die Variante Bechstein.

- **Albertus,** auch Albrecht, (*um 1597, +1661), Weidesgrün,
  oo 1648 in Selbitz mit Margarethe Jahn aus Weidesgrün,
- **Albert** (* um 1627, +1692), Weidesgrün,
  oo 1652 mit Anna Fischer aus Weidesgrün,
- **Johannes** (*1652, +1704), Weidesgrün,
  oo 1673 in Selbitz mit Elisabetha Geisser aus Weidesgrün,
- **Johannes,** auch Hans, (*1681, +1749), Weidesgrün,
  oo 1706 in Selbitz mit Barbara Ernst aus Rodesgrün,
- **Georg** (*1709, +1798?), Weidesgrün, 3 Söhne, 3 Töchter,
  oo 1735 in Selbitz mit Margaretha Hütter aus Neudorf,
- **Johann Heinrich** (*1744, +1825),Weidesgrün, Haidengrün,
  oo 1778 in Döbra mit Margarete Jahn,
- **Adam Heinrich** (*1795, +1865), Haidengrün,
  oo 1822 in Döbra mit Catharina Margarete Frisch aus Schönwald,
- **Johann Jacob** (*1820, +1896), Schönwald, Haidengrün,
  oo 1856 in Döbra mit Anna Catharina Emilie Köcher aus Haidengrün,
- **Johann Christian** (*1874, +1946), Haidengrün, Hof,
  oo 1899 in Bayreuth mit Elisabeth Engelbrech aus Bieberswöhr.

11. Nachwort

Wir beenden nun unseren Ausflug zu einem Thema, das nicht alltäglich ist, aber bestimmt viele interessante Informationen auch für diejenigen enthielt, die nicht unbedingt eine Nähe zu dem Namen Pechstein oder Bechstein haben.

Das Buch soll ein Beispiel dafür sein, dass es sehr interessant sein kann, sich mit der Bedeutung des Namen und der Vergangenheit der Familie zu befassen.

Insbesondere diejenigen, die sich für Geschichte allgemein interessieren, sollten sich mit den Großeltern und Eltern über deren Erlebnisse, deren Wissen über ihre Vorfahren und sozialen Rahmenbedingungen des Lebens unterhalten.

Erst mit dem Verständnis der Geschichte, der wirtschaftlichen und sozialen Situation unserer Vorfahren werden wir auch bestimmte Situationen unserer heutigen Zeit verstehen und in den historischen Entwicklungsprozess einordnen können.

Leider fällt es den heutigen Generationen oft schwer, sich in das Leben der Familienangehörigen früherer Generationen zu versetzen. Dies ist aber Voraussetzung für ein verständnisvolles Miteinander, für Akzeptanz des Verhaltens der Älteren.

Wer die Mangelwirtschaft und die Not in der Nachkriegszeit erlebt hat, wurde zur Sparsamkeit erzogen. Diejenigen Menschen, die von den damaligen Politikern als „Kanonenfutter" in bestialische Kriege geschickt wurden, sind erschüttert, wenn täglich im Fernsehen über die neuen Kriege fast im Vorhof unseres Landes berichtet wird.

Sie werden an eigene schreckliche Erlebnisse erinnert, wollen nicht eine solche Zukunft für die Kinder und Enkel. Sie wünschen, dass diese in Zeiten friedlichen Zusammenlebens aufwachsen und Familien gründen. Verständlich deshalb, wenn sie gerade strikt sich dagegen wenden.

Liebe Leser, nehmen sie das Buch doch zum Anlass, die Fotoalben, alte Urkunden und auch Videos aus naher Vergangenheit mit den Enkeln anzuschauen.

Sprechen sie über die Erlebnisse und Ereignisse ihrer Kindheit und Jugend, nehmen sie ihre Angehörigen mit auf eine Zeitreise in die Vergangenheit. Diese werden sich vielleicht im Internet weitere Informationen suchen und bestenfalls Verständnis für das Leben der Vorfahren entwickeln, aber auch die Geschichte als interessante Freizeit-Beschäftigung entdecken.

Das Internet bietet heute tolle Möglichkeiten, sich auch über die Bedeutung ihres Namens und dessen Herkunft zu informieren, aber auch anhand der Urkunden und Ahnenpässe sowie Aufzeichnungen der Familien Wanderungsbewegungen und deren Ursachen zu verfolgen.

So wird die eigene Familiengeschichte zu einen spannenden historischen Exkurs. Diejenigen Leser, die in irgendeiner Beziehung zu dem Namen Pechstein oder Bechstein stehen, haben es nun leichter, denn sie können die Ausflugsvorschläge nutzen und alles, was ich zu unserem Namen recherchiert habe, weitergeben.

Schön wäre es, wenn sie vielleicht auch einen Anknüpfungspunkt in den kurzen Ahnenübersichten finden. Gern können sie mich anschreiben, am besten mit E-Mail oder über den Kontakt auf meiner Homepage www.pechsteins-buecher.jimdo.com und ich werde, soweit es mir möglich ist, auf ihre Fragen antworten.

Auf dem Weg in die Vergangenheit ihrer Familie wünsche ich viel Erfolg und sie werden sehen, in kurzer Zeit werden Ihre ersten Rechercheergebnisse erste Ordner oder einen Stick füllen. Das sind dann die Grundlagen für eine Familienchronik, ein Geschenk für ein Jubiläum, wie es nicht individueller sein könnte.

Schließen möchte ich dies Buch mit einem kleinen Gedicht:
„Pflanz einen Baum,
Und kannst du auch nicht ahnen,
Wer einst in seinem Schatten sitzt,
Bedenke Mensch:
Es haben deine Ahnen,
Eh' sie dich kannten,
Auch für dich gepflanzt."

Max Bewer

Literaturverzeichnis:

- „Hessische Landesgeschichte, mit einem Urkundenbuch", Bd. 2,
  H. B. Wenck, 1789, Frankfurt und Leipzig
- „Urkundenbuch des Landes ob der Enns", 1. und 2. Band, Wien 1856
- www.monasterium.net, Archivbestände, AT, StaABdW, Urkunden,
  1285 VI 09, Signatur:1285 VI 09 und weitere
- http://www.mom-ca.uni-koeln.de/mom/AT-StaABdW/Urkunden/
  1357_X_25/charter#anchor?q=Pechstein
- www.heraldrysinstitute.com/cognomi_italiani.php?search=bechstein
  &paese=0#726247
- Maurer, „Augustine –Eremiten Baden", Wien 1998
- Historisches Ortsverzeichnis
  http://slub.qucosa.de/api/qucosa%3A15830/attachment/ATT-0/
- Repertorium Saxonicum
  http://repsax.isgv.de/repsax.php?a=41&o=265&gr=&r=
- Die kursächsischen Amtserbbücher aus der Mitte des 16. Jh. und ihre
  digitale Erfassung von André Thieme-
- Staatsarchiv Dresden, Bestand Domkapitel Meißen, Archivalien, äl-
  tere Urkunden
- „Kirchen-Historie der Stadt Freyberg und der in der Superindentur
  eingepfarrten Städte und Dörffer" , M. Christian Gotthold Wilischen,
  Leipzig 1737
- „Geschichtsquellen der Provinz Sachsen und angrenzender Gebiete"
  Urkundenbuch der Stadt Goslar, 30. Bd., 2.Teil, von Georg Bode, Hal
  le, 1896
- „Archiv für die Sächsische Geschichte", von Dr. K. von Weber,
  5. Band, Leipzig 1867
- www.pension-teuber.de/geschichte_und_tradition.htm
- „Falkensteiner Anzeiger", Nr. 07/10,
- „Wigalois", Wirnt von Grafenberg, S.153ff, bearb. von Seelbach nach
  der Ausgabe von J. M. N. Kapteyn, de Gruyter, Berlin – New York,
- „Chronik der Stadt Rochlitz und Umgegend", 1865, von Friedrich
  Bode, S.164, Obergräfenhain Mord an Peter Pechstein
- „Literarisches Centralblatt für Deutschland", Dr. Friedrich Zarncke,
  1850 und 1851 Leipzig
- „Wissenschaften in Deutschland", Neuere Zeit, 2. Band, Geschichte

der Mineralogie 1650-1860 Franz von Kobell, München 1864
- Handbuch der Mineralogie nach A. G. Werner von Christian Friedrich
  Ludwig, Leipzig 1804
- „Geschichte der Familie Gutbier", 1867, Hofdruckerei Meinhold&Söhne
  Dresden, bearbeitet von Pfarrer Seidemann.
- Familiennamen im Deutschen, D. Krüger, Leipzig 2009
- „Ahnenliste Arno Lange", Staatsarchiv Sachsen,
- „Pechstein-Chronik" und Nachlass von Dr. Alfred Lindner, Genalogi-
  sche Bibliothek Werdau/Sa.
- „Zschorlau und seine Schule" in „775 Jahre Zschorlau",
  1988, Heinz Schramm
- www.krueger-chemnitz.homepage.t-online.de/indexg.html
- www.familysearch.org/tree/pedigree/K4PQ-KPC/landscape
- https://gedbas.genealogy.net/
- Erkneraner Hefte 3/2001, Beiträge zur Stadtgeschichte, Bernd Rühle,
- www.geo.viaregia.org
- https://www.bechstein.com/die-welt-von-bechstein/tradition/
- Dr. Gerd Wunder, „Seitzinger und Bechstein, neue Spitzenahnen"
- „Der Haalquell" Nr.1, Blätter für Heimatkunde des HallerLandes,
  Dr. Wunder, „Fischer, Müller, Sieder und Junker aus Geilwingen"
- www.Genealogie-Bohrer.de
- http://www.schwaebischhall.de/buergerstadt/geschichte/stadtarchiv/
  familienwappen/wappen-a-c.html
- http://www.pechpiering.de/
- Stadtarchiv Schwäbisch-Hall, Signatur 4/0045, 1. Bd.
  Aufwartungsbuch (1293-1782)
- Stadtarchiv Schwäbisch-Hall, Urkunde Pietsch/ U-375, (1361),
  bzw. Staatsarchiv Ludwigsburg B 186 U 176
- Stadtarchiv Schwäbisch-Hall, Urkunde Pietsch/ U-486, (1368),
  Reg.: StadtAH Rb.2,1 Bl.374.
- Karl-Friedrich Flögel, „Geschichte des grotesk-komischen: Ein Beitrag
  zur Geschichte der Menschheit", München, 1914
- „Wanderungen durch Thüringen" von Ludwig Bechstein in „Das maleri
  sche und romantische Deutschland", Leipzig, G. Wigards-Verlag
- „Sie segelten im Sommerwind: Plaudereien über eine ostpommersche

Seglergeneration", Rudolf Öttinger, 1970, Verlag Pommerscher Buchversand, Hamburg

- Karl Friedrich Flögel; „Geschichte des grotesk komischen", München, 1914
Weitere Literaturhinweise sind im Text enthalten.

Fotonachweis:
- S. 41, Ann Sgurr, Insel Eigg, Foto von Philipp Clarin
PhiliSEO - Online Marketing München, https://philiseo.de
- S. 86, Foto R. Schilling Leipzig, alte Postkarte, Gasthof Oskar Pechstein, Ossa.
- Die Fotos auf S. 96 und 99 wurden von Roswitha Pfefferkorn und Werner Pechstein, die Fotos auf S. 95 und 97 von Diana Hiller zur Verfügung gestellt.
- Die Fotos der S. 99 und 100 stellten Prof. Stephan Pfefferkorn und Clara Hartmann zur Verfügung.
- Foto auf Seite 94 erhielt ich von Achim Hanickel.
- Fotos auf Seite 103 sind von Peter L. Pechstein.
Mein Dank gilt allen für ihre freundliche Unterstützung.

=======================

Weitere Bücher von Gerd Pechstein

Erschienen 2016
ISBN 978-3738622393
Preis: 8,45 Euro , E-Book.3,99 Euro
Das beliebte Reisebuch für alle, die eine unterhaltsame Lektüre suchen, aber nicht auf Tipps für Ausflüge und Entdeckungen auf dieser faszinierenden kanarischen Insel verzichten wollen.

FUERTEVENTURA
Insel unserer Träume

Erleben Sie mit, wie ein Ehepaar sich einen langjährigen Traum erfüllte und zeitweise dem Winter entflieht.
Das Buch ist kein Reiseführer, aber hilfreich bei der Wahl des Urlaubszieles und von Ausflügen.
49 Farb- und über 80 Schwarz-Weiß-Fotos begleiten den Text, werden zum Reiseverführer, wecken die Sehnsucht nach Sonne, Meer, Berge und Palmen.

DIE BENGEL VON DER KLOSTERSCHULE
Erinnerungen an Roßleben – Anekdoten und Schülerstreiche
Erschienen 2012
ISBN 978-3-86468-087-8
Preis: 8,90 Euro
145 Seiten, 63 Fotos
Gehen Sie mit auf eine Zeitreise in ein Internat vor über fünfzig Jahren und begleiten Sie über vier Jahre die pubertierenden, vom Elternhaus abgenabelte Kinder und ihre Lehrer in einer Traditionsschule auf dem Weg zum Abitur. In manchen Episoden wird der Leser an Heinrich Spoerls „Feuerzangenbowle" erinnert, doch es handelt sich um wahre Begebenheiten.

==================

DAS UNBEKANNTE LEBEN MEINES VATERS
Erinnerungen und Geschichte einer Familie aus Baden-Württemberg (1560-1960)
Erschienen 2011
ISBN 978-3-9433048-17-9
Preis: 12,90 Euro
400 Seiten, über 200 historische Fotos und Abbildungen
Es ist eine mit vielen Überraschungen gespickte Zeitreise die Gerda bestehen muss, damit sie erfahren kann, wie ihr aus Hohenlohe stammender Vater Paul vor seiner Ehe gelebt hat.
Erst mit über achtzig Jahren erfährt sie, welch abenteuerliches Leben der Vater als Junggeselle führte, wie seine Eltern und Vorfahren in Württemberg lebten, welche Wege seine 11 Geschwister gegangen sind.

Näheres auch unter www.pechsteins-buecher.jimdo.com
Die Bücher sind in allen Buchhandlungen und im Versandhandel zu bestellen.